Liderança e Inovação:
a Marca do Líder Internacional

Como Construir-se Líder de Gestão Padrão Mundial

Liderança e Inovação: a Marca do Líder Internacional
Como Construir-se Líder de Gestão Padrão Mundial
• Valdir Ribeiro Borba (coordenador) • Teresinha Covas Lisboa (coordenadora)
• Bruno Garcia • Giancarlo Pereira • Jadson Luis de Oliveira
• Juliano Morimoto • Killian Geleyn • Raissa Venezia Borba
• Ricardo Santos • Rosanna Venezia • Shirlene Ribeiro

Revisão
Maria Ofélia da Costa

Capa
Ana Carolina Vidal Xavier

Impressão/Acabamento
Gráfica Forma Certa

Direitos Reservados
Nenhuma parte pode ser duplicada ou
reproduzida sem expressa autorização do Editor.

sarvier

Sarvier Editora de Livros Médicos Ltda.
Rua dos Chanés 320 – Indianópolis
04087-031 – São Paulo – Brasil
Telefone (11) 5093-6966
sarvier@sarvier.com.br
www.sarvier.com.br

Dados Internacionais de Catalogação na Publicação (CIP)
(Câmara Brasileira do Livro, SP, Brasil)

liderança e inovação : a marca do líder internacional :
como construir-se líder de gestão padrão mundial /
coordenação Valdir Ribeiro Borba, Teresinha
Covas Lisboa. – São Paulo : SARVIER, 2020.

Vários autores.
Bibliografia.
ISBN 978-85-7378-273-8

1. Administração de empresas 2. Administração de
pessoal 3. Empreendedorismo 4. Inovação 5. Inovação
tecnológica 6. Liderança 7. Sucesso nos negócios
I. Borba, Valdir Ribeiro. II. Lisboa, Teresinha Covas.

19-30248	CDD-658.4022

Índices para catálogo sistemático:
1. Liderança e inovação : Administração   658.4022
Iolanda Rodrigues Biode - Bibliotecária - CRB-8/10014

Sarvier, 1ª edição, 2020

Liderança e Inovação:
a Marca do Líder Internacional

Como Construir-se Líder de Gestão Padrão Mundial

VALDIR RIBEIRO BORBA (coordenador)

TERESINHA COVAS LISBOA (coordenadora)

BRUNO GARCIA

GIANCARLO PEREIRA

JADSON LUIS DE OLIVEIRA

JULIANO MORIMOTO

KILLIAN GELEYN

RAISSA VENEZIA BORBA

RICARDO SANTOS

ROSANNA VENEZIA

SHIRLENE RIBEIRO

sarvier

Organizadores e Autores

Valdir Ribeiro Borba

Mestre em Administração. Especializado em Administração Hospitalar pela USP. Pós-Graduado em Direção Empresarial – Centro Universitário Sant'Anna. Pós-Graduado em Gestão de Negócios em Saúde pela FDC, 2018. MBA em Gestão de Negócios em Processos – ICE, 2018. International Certification Extraordinary Mentor pelo Global Mentoring Group, 2019. Coaching Mentoring and Advice, pelo Instituto Holos. Membro participante e colaborador da Organização Mentores do Brasil. Administrador Hospitalar Emérito, 1991 – Colégio Brasileiro de Administradores Hospitalares. Executivo do Hospital Infantil e Maternidade Femina. Membro da Academia Ribeirão-pretana de Letras – Cadeira 36.

Teresinha Covas Lisboa

Pós-Doutorado em Administração pela Florida Christian University – FCU. Doutorado em Administração pela Universidade Presbiteriana Mackenzie. Mestrado em Administração Hospitalar pelo Centro Universitário São Camilo. Especialização em Didática do Ensino Superior, Especialização em Administração Hospitalar, Conselheira Federal do Conselho Federal de Administração Jurisdição São Paulo. Diretora do SINDAESP – Sindicato das Empresas de Administração do Estado de São Paulo. Diretora da Associação Brasileira de Administração. Docente Titular da Universidade Paulista – UNIP. Docente convidada do Programa de Mestrado em Administração da Florida Christian University –

FCU, Orlando – Flórida. Coordenadora do GEPAD – Grupo de Excelência em Pesquisa Aplicada em Administração do Conselho Regional de Administração do Estado de São Paulo. Coordenadora do Curso Técnico de Administração da Escola Técnica INESP. Sócia-Diretora da TCL Consultoria e Assessoria S/C Ltda. Diretora Geral da Faculdade e Centro de Estudos Avançados em Tecnologia.

Bruno Garcia

Profissional de marketing com ênfase em serviços. Mestre em Administração pelo IBMEC, com trabalho de pesquisa sobre construção de marca em serviços de saúde. Master in Business Administration (MBA) em Gestão de Marketing pela Escola Politécnica da Universidade Federal do Rio de Janeiro (UFRJ). Especialista em Comunicação Empresarial pela Universidade Candido Mendes (UCAM). Professional Coach certificado pela Sociedade Brasileira de Coaching (SBC). Bacharel em Comunicação Social pela Universidade Federal Fluminense (UFF). Professor de Graduação e Pós-Graduação nas áreas de planejamento, estratégia empresarial, marketing e comunicação. Tem passagem por instituições como Fundação Dom Cabral (FDC), IBMEC, Estácio, Universidade Veiga de Almeida (UVA) e Universidade Castelo Branco (UCB). Na esfera corporativa, foi editor do Mundo do Marketing, coordenador de Gestão e Carreira Médica na DOC Content e diretor executivo da Multifoco, além de ter atuado como consultor em empresas de pequeno e médio porte nos mais diversos segmentos. Publica artigos e reflexões no site www.brunogarcia.com.br

Giancarlo Silva Rego Pereira

Professor. Consultor e Pesquisador com Doutorado, junto à Escola Politécnica da USP, Departamento de Engenharia de Produção. Está realizando seu Pós-Doutorado junto à Escola de Administração de Empresas da Fundação Getúlio Vargas à área de Competitividade, Gestão de Operações e de Sustentabilidade, modelagem de negócios, previsão de futuro, cenários e inteligência de negócios. Tem competência para trazer e expor as melhores prá-

ticas mundiais em torno desse assunto. Na área acadêmica, além de professor, há mais de 30 anos, ocupou importantes funções em grandes universidades, sendo responsável por propiciar forte crescimento, nessas instituições, com inúmeras inovações ao setor educacional brasileiro e internacional. Como Consultor, levou grandes organizações a se transformarem e serem competitivas.
profgian@hotmail.com
CV Lattes: http://lattes.cnpq.br/6750383783805353
Facebook: https://www.facebook.com/giancarlo.pereira1
Linkedin: http://br.linkedin.com/pub/giancarlo-pereira/71/a70/64b
Blog: http://h2oprofgian.blogspot.com.br/?view=magazine

Jadson Luis De Oliveira

Graduação em Recursos Humanos. Coach pelo Instituto Brasileiro de Coaching. MBA em Gestão de Negócios e Projetos – ICE – Cuiabá, 2018. MBA em Gestão de Pessoas por competência, indicadores e coaching – IPOG Cuiabá – Cursando. PMO – de Projetos do Hospital. Membro do Centro de Estudos e Gerente de atendimento do Hospital Femina.

Juliano Morimoto, DPhil (Oxon.) FLS MRSB

Membro da Real Academia de Ciências Biológicas da Inglaterra. Título de Biólogo pela Universidade Federal do Paraná em 2013 e Doutorado em Zoologia pela Universidade de Oxford em 2016. Pós-Doutorado no Instituto Charles Perkins na Universidade de Sydney antes de se tornar pesquisador no Departamento de Biologia da Macquarie University. Escreveu sua monografia durante a graduação no acelerador de partículas Elettra Sincrotrone em Trieste, na Itália. Publicou mais de 12 artigos em revistas internacionais, incluindo *Nature Communications* e *Current Biology*. Participou de mais de 8 conferências em 3 continentes. Foi Professor visitante no Programa de Pós-Graduação em Ecologia e Conservação da Universidade Federal do Paraná em 2017. Em 2018, eleito *Fellow* da Sociedade Linnean de Londres e Membro da Sociedade Real de Biologia. Sua área de pesquisa é focada em ecologia evolutiva e comportamento animal. Em suas publicações, aborda uma variedade de tópicos e busca trazer conceitos inovadores em estatísticas (como, por exemplo, *Machine Learning*) para a análise e interpretação de dados biológicos. Coordenador do projeto que publicou o livro *Geometria Poética*, distribuído gratuitamente *online* para todos os alunos de países com língua portuguesa.

Foi o mais jovem doutor brasileiro conquistando seu título em 2016, aos 25 anos, e hoje com 27. Pós-Doutorado e membro da Real Sociedade de Biologia da Inglaterra. Juliano.morimoto@gmail.com

Killian Geleyn

Mestrado em Engenharia de negócios com especialização em *Entreprenariat* e inovação pela conceituada Solvay Brussels School of Economics and Management de Bruxelas. Em 2018 foi chefe operacional da startup belga "Fishtripr", onde trabalhou em colaboração com os CEOs como marqueteiro digital e chefe de vendas. Desde março de 2019, trabalha como consultor independente e criou a startup "Bloomind" em parceria com outro entrepreneur belga.

Atualmente presta serviços de Marketing digital para Hotels – The Little Guest Hotels Collection com 142 hotéis e presentes na Europa, Oceano Índico, África, Oriente Médio, Caribe, Ásia, América do Norte e países do lado do Oceano Pacífico.

killian@geleyn.com
+32 473 70 34 12
linkedin.com/in/killiangeleyn

Raissa Venezia Borba

Mestre em Relações Internacionais Master Thisis – Universidade Libre de Bruxelas ULB – Bruxelas – Bélgica, 2017 a 2018. Concluído em 2018. Bacharel em Relações Internacionais e Comércio Exterior pela Universidade de Ribeirão Preto (UNAERP), de 2011 a 2014.

Participação no 15º CONIC – Congresso de Iniciação Científica e Pesquisa – como congressista, apresentando o trabalho com o título "População e pirataria na Somália: uma análise sobre um Estado falido" realizado pela UNAERP, 2014. Segunda colocação na avaliação do comitê científico externo do IV Simpósio de Relações Internacionais e Comércio Exterior da Universidade de Ribeirão Preto no dia 8 de outubro de 2014, com apresentação do trabalho "População e pirataria na Somália: uma análise sobre um Estado Falido". Participação no EPRI – Encontro de Pesquisas em Relações Internacionais da UNESP, Marília, 16 a 18 de junho de 2016, apresentando o trabalho: "População e pirataria na Somália: uma análise sobre um Estado Falido". Terceira colocação no EPRI – Encontro de Pesquisa de Relações Internacionais da UNESP, Marília – SP, de 16 a 18 de junho de 2016 – com o Painel "População e Pirataria na Somália: uma análise sobre um Estado Falido". Participação como organizadora do IV Simpósio de Relações Internacionais e Comércio Exterior da Universidade de Ribeirão Preto, 2014.

Ricardo Santos

Advogado, Pós-Graduado pela PUC/SP – COGEAE em Direito das Relações de Consumo. Teólogo e Pós-Graduado em Teologia em História do Cristianismo. Diplomado no Curso de Extensão na Fundação Getúlio Vargas – FGV/SP – GVPEC em Princípios de Gestão para Organizações do Terceiro Setor. Aprovado pelo CNJ (Conselho Nacional de Justiça) e pela OAB/SP em Mediação e Conciliação Pré, Extra e Judicial. Atuou, durante 4 anos, como Reitor na AGRADE – Academia Teológica da Graça de Deus. Entre 2007 e 2009, foi Presidente da Fundação Internacional de Comunicação (FIC), detentora de vários canais de TV e transmissoras de Rádio pelo Brasil. De 2009 a 2011 presidiu a USEM – União dos Servos Empresários, produzindo, coordenando e proferindo palestras técnicas e motivacionais, bem como ministrando cursos de capacitação e workshop, em todo o País, a empresários cristãos e não cristãos, profissionais liberais, autônomos, líderes e gestores. Tem MBA Executivo em Coaching, é escritor do livro "Os 8 Segredos do Sucesso Financeiro". Atualmente advoga, investe em *startup's*, palestra em empresas e igrejas e atua como gestor na área educacional.
prric2005@hotmail.com (11) 981678281
Insta@os8segredosoficial e @prricardosantos FB/os8segredosoficial e/ricardosantos.

Rosanna Venezia

Formação em Coaching, Mentoring and Advice Humanizado pelo Instituto Holos – Brasil Método "System ISOR" de Marcos Wunderlich.
Atuação como Coaching e Mentoring em Liderança e Gestão de Pessoas, Individual e Coletivo, no Desempenho nas Organizações. Membro participante e colaboradora da organização Mentores do Brasil.

Shirlene Ribeiro

Mestre em Educação Tecnológica pelo CEFET – Centro Federal de Educação Tecnológica de Minas Gerais, 2000. Pós-Graduação em Gestão Estratégica de Pessoas. Formada em Psicologia pela FUMEC em 1985. Formação em Coaching Internacional pelo Instituto Internacional de Coaching – InCoaching/RJ, 2006. Qualificada pela FELLIPELLI/SP – Transição de Carreira e Consultoria Organizacional para aplicação e devolutiva do MBTI – Myers Briggs Type Indicator. Step I, 2005 e Step II, 2007 www.fellipelli.com.br. Qualificada pela EDI – Executive Development Interactive na metodologia "Work Out" na qual já atuou como facilitadora para vários clientes no Brasil e exterior (www.edinteractive.net). Qualificada pela ERGON Consultoria na metodologia Eneagrama em 2016. Qualificada pela MAPA Avaliações na metodologia MAPA – Método de Avaliação de Pessoas (Teste com base em competências, aprovado pelo CFP – Conselho Federal de Psicologia). Jun/16. Especialista em Assessment – avaliação de potencial com formação na Itália. Atua desde 2004 em diferentes empresas. Diretora da Savoir Desenvolvimento e Treinamento de Executivos desde 2004. Professora Associada da Fundação Dom Cabral desde 2002. Atuou durante 10 anos como parceira da EDI – *Executive Development Institute*/EUA no desenvolvimento de executivos através dos Programas *Work Out* e Liderança da Mudança no Brasil, Portugal e Itália. Atuou como Gestora na área de Gestão de Pessoas durante 20 anos em empresas multinacionais e familiares, tendo experiência como Gerente de Recursos Humanos.
E-mail: shirlene.ribeiro@uol.com.br; shirlene.ribeiro16@gmail.com

Agradecimentos e Homenagens

Alguns agradecimentos se fazem imperiosos neste livro. Certamente o principal é a Deus pela vida e pela oportunidade de ser um dos organizadores desta obra.

Muitos seriam os agradecimentos às pessoas e impulsionadores desta obra e especialmente àqueles que orientam vidas ao trabalho e ao sucesso, mas quero aqui agradecer e homenagear profissionais e jovens profissionais que, com seus respectivos exemplos de vida e realizações, motivaram a construção deste livro, pois apreenderam na construção de si mesmos, sendo exemplo e modelo para o futuro da humanidade.

Agradecemos e homenageamos a Prof. Dra. Teresinha Covas Lisboa, ícone do ensino em Administração Hospitalar Brasileira.

Ao empresário Paulo Magnus que, aos vinte e poucos anos de idade, ousou construir a MV Informática, que é a maior empresa Brasileira e da América do Sul em Informática e Gestão virtual em saúde, caminhando rumo a ser verdadeiramente uma das maiores empresas 4.0 e de gestão virtual do mundo. Homenagem especial e muita honra faço referência à jovem cientista do MIT que em 2016 definiu o algoritmo que possibilitou aos cientistas de astronomia, agora em 2019, fotografar pela primeira vez um buraco negro, comprovando teorias que somente se evidenciavam por equações, mas agora se tornam realidade.

Nossa homenagem à jovem Katharine Louise Bouman, ou Katie Bouman, com apenas 29 anos e pós-doutorado na academia de gigantes alcançou esse grande feito e por que ela representa com destaque o líder do futuro ou líder quântico que apresentamos neste livro.

De maneira geral, nossas homenagens a tantos jovens talentosos e líderes dessa nova geração na gestão de inovação da revolução 4.0.

Os autores

Prefácio

Primeiramente me sinto honrado pelo convite para prefaciar esta obra, organizada por Ms. Valdir Ribeiro Borba e Dra. Teresinha Covas Lisboa. Sem dúvida, escrever sobre *Liderança e Inovação: A Marca do Líder Internacional* requer muito conhecimento e experiência no assunto e isto é a marca deixada por todos os autores neste livro. Eles se encaixam de forma convergente e integrada, demonstrando o sincronismo entre os temas de cada capítulo, que se enfeixam de maneira lógica, desde os princípios da liderança até os diversos tipos e estilos da moderna e futurista liderança inovadora em âmbito internacional.

Inicialmente é apresentada uma reflexão sobre liderança e internacionalização de carreiras como pontos essenciais no processo de desenvolvimento profissional de executivos e de jovens promissores, demonstrando claramente a importância do preparo com padrão mundial.

Claro que quando se fala em internacionalização não se pode esquecer a Influência da Cultura Organizacional no processo decisório da liderança e, nesse quesito, a Professora Shirlene Ribeiro apresenta, no Capítulo 2, os aspectos da cultura e sua influência na liderança dentro das organizações e, ao mesmo tempo, brinda os leitores com sua experiência no Brasil e exterior no desenvolvimento de executivos em grandes empresas.

No Capítulo 3, os autores, Raissa e Valdir, apresentam as principais características de um novo líder padrão mundial, ou seja, quais os pontos que caracterizam um verdadeiro e moderno líder internacional. Apresentam ainda os aspectos de entusiasmo, motivação e perseverança.

O Capítulo 4 é embasado em *professional mentoring*, que demonstra claramente a forma de se construir com essa marca pessoal e profissional onde o professor Bruno Garcia apresenta: estratégias de *branding*, a importância da marca pessoal e como desenvolver essa marca, demonstrando que o líder internacional é uma marca indelével de cada profissional.

No Capítulo 5, a Raissa apresenta a questão do Líder como diplomata empresarial, destacando a importância do preparo para atuar fora do país de origem, o zelo, a perseverança, o cuidado, as escolhas, o processo de resiliência, o esforço e a dedicação nessa formação, desde a juventude. Enfim, todo o receituário para essa formação, preparo e capacitação desse novo líder que a sociedade e do mundo corporativo cada vez mais exige.

No Capítulo 6, o Jadson Luiz apresenta o Líder com características e preparo de *coaching,* sua importância dentro das organizações, na condução de equipes, culminando na formação do líder padrão internacional. Orientação profissional, holística e espiritual são requisitos necessários para essas carreiras tão exigentes.

No Capítulo 7, Juliano Morimoto, o mais jovem doutor brasileiro, apresenta sua experiência como líder padrão mundial. Como foi sua construção profissional e qual o estágio que se encontra na carreira acadêmica, aos 28 anos com doutorado e pós-doutorado no exterior. Este capítulo é uma verdadeira demonstração de *personal mentoring,* pelo qual oferece aconselhamento àqueles que pretendem construir uma carreira internacional.

No Capítulo 8, será abordado o tema o Líder do Futuro: nova liderança atuará com a inteligência artificial e o Professor Doutor Giancarlo Pereira discorre sobre essa tecnologia que deverá ser fator fundamental no trabalho e na organização de carreiras profissionais.

O Capítulo 9 apresenta O Líder do Futuro, líder 4.0 e o líder quântico. O Mestre em Administração, Valdir Ribeiro Borba, juntamente com o jovem empreendedor belga Killian Geleyn e a Internacionalista Raissa, acompanhando as diversas fases de desenvolvimento da gestão, apresentam o modelo da atual revolução 4.0 e fazem incursões sobre o futuro da gestão e os novos estilos de lideranças.

No Capítulo 10, Killian Geleyn apresenta o líder de serviços digitais (SEO) com a característica de Líder Digital ou Gestor de *Marketing* Digital e demonstra como exemplo prático a supremacia do *Marketing* Digital *inbound* "sobre o *marketing* tradicional" *outbound.*

No Capítulo 11, o Professor Ricardo Santos, Pastor por vocação, escritor e advogado, apresenta sua visão e experiência de vida, como um pro bono de *personal mentoring* aos leitores.

No Capítulo 12, a Rosanna Venezia apresenta sua visão sobre a motivação para mudança pessoal e profissional. Essa é a cosmovisão do momento apresentada por uma mentora que trabalha diversos aspectos da mentoria pessoal, profissional e espiritual, preparando os leitores e profissionais para se motivarem para a preparação como líderes de carreiras internacionais.

No Capítulo 13, o Professor Valdir Ribeiro Borba, experiente em planejamento estratégico organizacional e tendo ministrado aulas em MBA de Gestão em Saúde, na FGV e na Fundação Unimed, apresenta um modelo muito prático e objetivo de como construir-se a si mesmo. Apresenta verdadeiramente um plano estratégico para profissionais que buscam essa capacitação.

No Capítulo 14, fechando o livro, o autor citado no capítulo 13 apresenta as ferramentas de BSC para aplicação pessoal nessa construção ou reconstrução profissional, demonstrando o caminho a ser percorrido e acompanhado. Ferramentas que podem ser usadas no processo de *coaching and mentoring* de carreiras profissionais.

Sou professor, especialista em pessoas e trabalho com internacionalização de carreiras desde 1990. Atesto aqui todos os conceitos trabalhados pelos autores, que na verdade este não é mais um assunto do futuro e sim do presente, que cada vez mais vem sendo procurado por estudantes, professores e profissionais desse mercado competitivo, do qual fazemos parte. Dessa forma, recomendo este livro pela sua importância e zelo de todos os autores em colocar em um mesmo volume todas as informações necessárias, bem como experiências próprias, que irão servir de modelo para todos os interessados.

Desejo muito êxito a todos! Eu já li, gostei e recomendo a todos vocês!

Rafael Olivieri Neto, PhD

Pós-Doctor e Doctor em Administração, Diretor Presidente da Competency – Avanço Profissional Global. Coordenador do Programa de Pós-Graduação da FCU – Florida Christian University – USA, no Brasil e em Angola. Professor para Programas de Pós-Graduação na Fundação Getúlio Vargas – FGV – Management e outras Instituições. Autor e coautor de vários artigos e livros no mercado.

Apresentação

A proposta deste livro é apresentar à geração de novos líderes de todas as especialidades um novo perfil de profissionais, bem moderno e adaptável ao momento dinâmico e altamente mutante que estamos vivendo nas organizações e na Sociedade em geral. Para isso, além dos conhecimentos técnicos específicos de liderança e de renovação, todo o livro foi construído com base nas ferramentas das metodologias de *Coaching, Mentoring and Advice*.

O trabalho está mudando juntamente com a metodologia, instrumentos e tecnologia, tudo está em constante mutação e em alta ebulição e com isso os requerimentos e os relacionamentos são transformados na mesma velocidade.

A nova geração de líderes, quer sejam eles gestores, administradores, médicos, profissionais da saúde, internacionalistas, docentes, pesquisadores, engenheiros, cientistas sociais, mecatrônicos, cientistas da realidade virtual, *designer* e outros tantos, está sendo formada para a atuação ao nível internacional, pois os produtos e serviços há muito deixaram de ser meramente locais para serem transnacionais.

Esses novos operadores, prestadores e gestores de serviços estão sendo formados na mesma dinamicidade e rapidez, não apenas ao nível local, mas sendo preparados para atuação internacional, e devem aflorar com funções de atuar, ensinar e aprender com qualidade tecnológica e ao mesmo tempo com integridade para mudar as relações no mundo corporativo e na sociedade.

É disso que este livro trata, ou seja, sobre a formação e o preparo de novos líderes com marca mundial, como verdadeiros internacionalistas ou diplomatas empresariais em qualquer organização em qualquer local desse planeta, daí a importância de promover esse encontro entre gerações e reunir profissionais, com larga experiência e tempo de gestão com jovens profissionais em início dessa caminhada, em verdadeiro processo de *direct mentoring* dos profissionais experientes para os jovens, quanto no *reverse mentoring,* com os jovens e habilidosos profissionais que ensinam os mais experientes, na capacitação no novo modelo de liderança 4.0, ou liderança holística, acelerando a curva de aprendizado dentro e fora das organizações.

Para isso são apresentadas neste trabalho algumas ferramentas para que esses jovens e novos líderes possam se construir sempre com foco, fé e força, de forma objetiva, com metodologia de *coaching and mentoring* aplicada diretamente na formação e especialização pessoal e profissional e na internacionalização de carreiras.

Boa leitura!

Os autores

Conteúdo

PARTE 1 **Liderança e Cultura Organizacional –
Bases para o Líder Padrão Mundial**

Capítulo 1

Liderança e Internacionalização de Carreiras 3
Teresinha Covas Lisboa

Capítulo 2

Influência da Cultura Organizacional Sobre o Processo
Decisório da Liderança 21
Shirlene Ribeiro

Capítulo 3

Características do Novo Líder Padrão Mundial 40
Raissa Venezia Borba
Valdir Ribeiro Borba

PARTE 2 ***Branding*: A Marca do Líder Mundial**

Capítulo 4

Novo Líder e Gestão de Marcas Pessoais e Profissionais –
Padrão Mundial 57
Bruno Garcia

Capítulo 5
Construção do Novo Líder: Diplomata Empresarial 73

Raissa Venezia Borba

PARTE 3 **Líder Padrão Mundial**

Capítulo 6
Líder *Coach* na Internacionalização de Profissionais........................... 87

Jadson Luis de Oliveira

Capítulo 7
Nova Ordem Internacional na Liderança da Ciência e
Tecnologia.. 95

Juliano Morimoto

Capítulo 8
Líder do Futuro: Nova Liderança Atuará com a Inteligência
Artificial... 104

Giancarlo Pereira

Capítulo 9
O Líder 4.0: A Nova Liderança do Empreendedorismo e da
Inovação 115

Killian Geleyn
Raissa Venezia Borba
Valdir Ribeiro Borba

Capítulo 10
Por Que o *Marketing* Digital é Mais Eficaz que o *Marketing*
Tradicional e a Importância do Líder Digital 143

Killian Geleyn

Capítulo 11
Liderança e Sucesso 150

Ricardo Santos

PARTE 4 **Como Construir-se a Si Mesmo
como Líder Padrão Mundial**

Capítulo 12

Motivação para Liderança e Inovação 157

Rosanna Venezia

Capítulo 13

Planejamento Estratégico Pessoal (PEP) –
Instrumento para a Construção do Líder... 174

Valdir Ribeiro Borba

Capítulo 14

BSC: O *Balanced Scorecard* – BSC-SELF – Aplicado na Liderança
Holístico-Espiritual... 180

Valdir Ribeiro Borba

Prólogo 193

Parte 1

Liderança e Cultura Organizacional – Bases para o Líder Padrão Mundial

CAPÍTULO

1 Liderança e Internacionalização de Carreiras

Teresinha Covas Lisboa

A melhor maneira de prever o futuro é criá-lo.
(Peter Drucker, consultor e escritor)

INTRODUÇÃO

O capítulo apresenta uma reflexão sobre liderança e internacionalização de carreiras, visando a integração, compartilhamento e fortalecimento das pessoas nas organizações. Nele discutiremos os principais desafios que as lideranças enfrentam para que atinjam sucesso em novos horizontes. A análise desses temas demonstra que o pensamento moderno sobre liderança necessita focar a gestão de pessoas como forma de unir, energizar, construir, adaptar as pessoas às organizações, visando à maior interatividade entre as pessoas e o ambiente. Ao final deste capítulo, o leitor deverá estar capacitado a entender como as pessoas são importantes para os líderes das organizações, compreender os conceitos de liderança, comprometimento com a profissão e como os líderes prepararam suas carreiras e a de seus sucessores para buscar oportunidades fora do país e, assim, procurar qualidade, satisfação no trabalho e realização pessoal.

3

POR QUE INTERNACIONALIZAR?

Hoje, precisamos "energizar" as pessoas ou, melhor, adotar medidas de "empoderamento". E o que é isso? É o fortalecimento das pessoas, o que contempla aspectos vinculados na participação das pessoas nas decisões, na liberdade para escolher metodologias de trabalho, no trabalho em equipe, na responsabilidade de cada um, na avaliação e autoavaliação de desempenho.

Se pensarmos em termos de "sistematização", pensamos no *feedback*, ou seja, na retroação ou retroalimentação. Precisamos passar por essas etapas para conseguir sucesso com nossa equipe.

É percebido, pelas notícias que lemos diariamente ou, mesmo, pela linguagem das pessoas que fazem parte do nosso cotidiano, que o individualismo prevalece. O senso de coletivismo está se afastando das pessoas em qualquer campo de atuação. O próprio afastamento da família sugere sensação de individualismo: cada pessoa em seu espaço, com seu computador, *internet*, celular, com sua televisão, com seu mundo particular.

Quando o jovem se afasta da família buscando o crescimento pessoal, profissional e social, observa-se integração maior com os familiares e amigos.

O afastamento ocorre pelos intercâmbios internacionais acadêmicos, pelos estágios ou pela tentativa de buscar o conhecimento nos cursos internacionais ou pela empresa em que estiver trabalhando.

O estudo do ambiente organizacional mostra caminhos que estão vinculados a variáveis que representam as ameaças e/ou oportunidades existentes nas relações de mercado. O individualismo é uma ameaça, seja na esfera interna, seja na externa. Essas variáveis são representadas pelos *inputs* sociais, educacionais, econômicos, legais, tecnológicos, culturais, políticos etc., fatores altamente intervenientes em qualquer ambiente. Esses fatores estão a cada dia, também, individualizando o ser humano.

Um exemplo típico do individualismo é a competitividade exigida para os jovens executivos. Desde o processo de seleção, observavamos a escolha de indivíduos altamente independentes, disponíveis para novos desafios, viagens, mudanças bruscas etc. Com isso, o afastamento da família e do rol de amigos torna-se uma opção ou, quem sabe, obrigatório.

Os países que ainda guardam suas tradições, principalmente os orientais, procuram compatibilizar as tradições, cultura e família com os objetivos empresariais. Nada é esquecido: pais, filhos e amigos.

Em viagem a Angola, especificamente a Luanda, onde estive em treinamento junto a executivos da área de saúde, observei duas vertentes: a busca pelo resgate da cidadania, após 30 anos de guerra civil, e a preservação do modelo de tradição.

Essa oportunidade foi sendo agregada por outras oportunidades de internacionalização em países da Europa, Estados Unidos e América do Sul. E o que foi visto? A necessidade de conhecer novas culturas, novos idiomas, comportamentos e como o crescimento empresarial e acadêmico reflete no desenvolvimento profissional.

O processo de imigração mundial tem demonstrado a necessidade de conhecermos novas culturas. O mercado encontra-se amplo, tendo em vista fusões e aquisições, possibilitando a internacionalização de empresas. Consequentemente, surgem novas carreiras e oportunidades de diversificar a formação do profissional.

Segundo Inácio (2008),

"Diversificar é a palavra de ordem do dia – diversificar competências, conhecimentos, experiências, o *network* – e, cada vez mais, mais indivíduos tendem a trabalhar para a internacionalização da sua carreira, buscando os seus objetivos pessoais e os das empresas para as quais trabalham ou às quais pretendem disponibilizar as suas competências". (https://www.webartigos.com/artigos/internacionalizacao-da-carreira/11200)

O momento é de atender às necessidades globais, onde a interação de culturas, idiomas e hábitos se faz necessária, como forma de alimentar novas habilidades e competências.

Estamos vivenciando, atualmente, a miscigenação presente em vários países, resultado do processo de imigração. Assim, instituições de todos os segmentos necessitam adaptar-se a esse momento, para não provocar choque cultural nos indivíduos.

GESTÃO DE PESSOAS E O CRESCIMENTO PROFISSIONAL

A complexidade das organizações é medida pelo tipo de atividade a que se propõe, ajustando-se, periodicamente, a essas influências externas que, constantemente, se fazem presentes. Portanto, o senso de individualismo é levado para dentro das organizações. O trabalho do profissional de recursos humanos, bem como do psicólogo organizacional, é o de "desatar esse nó". Temos que socializar o indivíduo para assumir postos de liderança. De um lado, veem-se organizações que procuram um ponto de equilíbrio ou de sobrevivência diante das constantes mudanças impostas e ocorridas no ambiente de negócios. De outro lado, pessoas buscando mercado de trabalho, realização profissional, crescimento e capacitação para acompanhar essa evolução.

A gestão de pessoas é um segmento que se enquadra nesse cenário, em que líderes atuam de forma dinâmica, orquestrada e interativa, observando atentamente as modificações, desenvolvimento e transformações do ambiente externo, a fim de efetuar suas mudanças no ambiente interno e, principalmente, investindo em pessoas.

Cada variável interveniente do processo reflete no comportamento das pessoas e no desenvolvimento de tarefas. Muda rotinas, normas, procedimentos e objetivam atingir a qualidade e a excelência. Portanto, influencia as pessoas, os eventos, a organização.

A construção de modelos de gestão embasa-se nos avanços científicos e tecnológicos, atingindo trabalhadores, obrigando a qualificá-los e capacitá-los.

Porém, a incoerência reside e as pessoas são incluídas no processo de forma teórica; raramente vemos empresas investirem, na totalidade, nas necessidades de cada indivíduo.

As quatro vertentes principais, utilizadas por executivos que lideram equipes em desenvolvimento, são: autoridade, informação, recompensas e competências.

A passagem de uma economia industrial para uma economia de salários demonstrou a necessidade de elevar os investimentos na formação desses profissionais. Consequentemente, passamos de uma administração tradicional de recursos humanos para uma nova tendência, ou seja, para a gestão de pessoas ou com pessoas, em que as políticas implantadas precisam ser revistas e atualizadas para poder acompanhar esse processo de mudanças.

Nos anos 1970, a terceira revolução foi impulsionada pela automação, pelos computadores e pelas redes conectadas (https://blog.runrun.it/economia-4-0/).

Atualmente, com a Economia 4.0 enxergamos quatro inovações: sociedade, estratégia, talento e tecnologia. Todos trabalham conectados visando à inovação e à competitividade. É nesse cenário que inserimos a internacionalização, seja de carreiras, seja de empresas.

As tendências de melhorar os talentos da organização estão vinculadas a essa nova cultura, ao espaço de atuação e à oportunidade de adaptação aos processos de mudança, quando implantados. As pessoas precisam de tempo para adaptar-se às mudanças e os líderes devem oferecer as oportunidades de adaptação.

Todo processo leva tempo e as pessoas não podem ser impacientes na sua implantação. Está vinculado ao compartilhamento da informação, à criação da autonomia pelos limites impostos e à substituição da hierarquia por equipes (Blanchard, 2001).

Esse tripé alavanca o processo e conduz os líderes ao sucesso e à realização de seus ideais.

LIDERANÇA

Liderança é considerada, por Bowditch e Buono (2016, p. 118), um processo de influência, geralmente de uma pessoa para outra, onde um indivíduo ou grupo é orientado para o estabelecimento e o atingimento de metas. Esse conceito é relevante para o âmbito do comportamento dos indivíduos nas organizações.

As organizações, de forma geral, estão sempre voltadas para os perfis de liderança existentes. A história demonstra, em seu desenvolvimento, a presença de líderes de várias tipologias: autoritários, democráticos, burocráticos etc. Independente da formação social ou política, a humanidade sempre sentiu a necessidade de lideranças expressivas e que conduzissem países, empresas e/ou grupos sociais ao sucesso e à ascensão.

A liderança de pessoas é uma competência que está intimamente ligada àquele que dirige uma organização. Segundo Rodriguez (2005), é a capacidade que um indivíduo possui para aglutinar pessoas ao redor de uma ideia, de um princípio, de uma filosofia, de um objetivo, de uma forma espontânea.

Os primeiros estudos para explicar a liderança diziam que os líderes nasciam feitos. Porém, Francis Galton (1869) afirmava que os líderes possuíam traços que eram geneticamente herdados (apud Wagner III e Hollenbeck, 2000).

As organizações, porém, demonstram que as pessoas, estruturalmente, estão "subordinadas" a outras pessoas, que representam seus papéis de forma muito variada. Alguns, com tendências centralizadoras, outras descentralizadoras, outros com alto poder de conhecimento, em detrimento daqueles que não conseguem representar nenhum dos papéis. A própria figura do Estado demonstra a representação do poder simbolizada pela composição jurídico-legal da estrutura administrativa. Como exemplo, podemos citar o Poder Judiciário, que necessita de artefatos visíveis, a fim de demonstrar sua realidade de liderança e poder: o juiz de direito, togado, com o mobiliário diferenciado, com um grande número de subordinados (escreventes, oficiais de justiça, motoristas, auxiliares de cartório etc.), representa o exemplo vivo dessa realidade. Também, as organizações militares, eclesiásticas e educacionais apresentam grande cadeia escalar, onde os níveis de comunicação são distantes, representados por organogramas muito amplos. Suas estruturas são denominadas de tradicionais e/ou formais.

Atualmente, os perfis de liderança exigem um desenho diferente, ou seja, um modelo que proponha uma situação participativa. Greenleaf (apud Renesch, 2004) denomina "liderança do servo", onde existe maior dedicação do líder aos outros, levando a um conceito holístico do trabalho, promovendo a ideia da comunidade e a divisão de poder.

A ideia é a de que a pessoa que lidera prioriza as necessidades de seus companheiros de equipe, buscando mudanças, desejando ajudá-los. Alguns autores apresentam o conceito da administração humanizada, muito usada em instituições de saúde e organizações do terceiro setor. São aquelas organizações que têm, como meta, o atendimento direto ao usuário do serviço.

Para tanto, Greenleaf (apud Renesch, 2004) listou dez características que identificam o líder servo:

1ª) **Escutar** – saber escutar e não apenas comunicar. O líder não pode somente ouvir.

2ª) **Empatia** – esforçar-se para desenvolver a empatia e compreender as outras pessoas.

3ª) **Cura** – saber corrigir e ajudar a corrigir pessoas e situações.

4ª) **Consciência** – ter consciência de si mesmo diante de situações.

5ª) **Persuasão** – buscar o consenso dentro do grupo, em vez de autoritarismo e coerção, característica do modelo tradicional.

6ª) **Conceitualização** – pensar além das realidades do dia a dia, tendo equilíbrio entre o pensamento conceitual da decisão a ser tomada e a concentração do dia a dia.

7ª) **Antevisão** – antever o resultado compreendendo as situações do passado, as realidades do presente e as possíveis decisões futuras. Para Greenleaf, é a única característica inata do líder.

8ª) **Curadoria** – assumir o compromisso de atender e zelar pelas necessidades e interesses dos participantes de sua equipe.

9ª) **Compromisso com o crescimento das pessoas** – demonstrar interesse pelas ideias e sugestões das pessoas, objetivando seu desenvolvimento pessoal e profissional.

10ª) **Construção da comunidade** – preconizar que é possível criar uma verdadeira comunidade entre as pessoas que fazem parte do mundo dos negócios e de outras organizações.

Portanto, as características desse perfil de liderança levam as organizações a pensarem de forma holística, a "virar a pirâmide organizacional de cabeça para baixo", onde o antigo modelo hierárquico é substituído por outro, mais participativo, mais humanizado. O primeiro exemplo aplicado desse modelo, denominado "liderança servidora", ocorreu em Dallas, em uma empreiteira especializada em prestação de serviços de encanamento e aquecimento (TDIndustries).

O fundador da empresa, Jack Lowe, reunia os empregados, a fim de discutir textos previamente lidos e extraídos do ensaio *The servant as leader*. Já se passaram mais de 30 anos e seu herdeiro, Jack Lowe Jr., continua a adotar a metodologia implantada por seu pai, ou seja, a liderança do servo, pois o princípio herdado era o de que "os administradores devem servir seus empregados" (Spears, 1994).

A conquista desse modelo é uma vitória da sociedade moderna, onde as pessoas estão preocupadas com as outras, mais dedicadas e conscientes de seu real papel social. Podemos exemplificar, com o processo de recrutamento e seleção de algumas empresas, onde o currículo do candidato demonstra sua capacidade de prestar serviços voluntários e comunitários.

A vantagem da visão humanista da liderança é a de que os modelos tradicionais de liderança, voltados para a conquista do poder, do *status*, da vaidade e da riqueza, são substituídos pelo trabalho em equipe, na integração de ideias e, principalmente, nos preceitos de ética e moral.

Assim, torna-se mais fácil para as lideranças conhecerem e perceberem aqueles indivíduos que possuem a disponibilidade de internacionalizar sua carreira. O próprio mapeamento do perfil comportamental demonstra a experiência do indivíduo em outros países, seja pela vivência acadêmica, seja pela profissional.

O LÍDER INOVADOR E AS ORGANIZAÇÕES

Atualmente, as organizações buscam processos de mudanças estruturais e comportamentais, para melhorar a prestação de serviços, a produção de bens e atender às exigências do mercado consumidor. O líder apresenta, dentro das competências que lhe são pertinentes, a capacidade de valorizar o desenvolvimento das pessoas, estabelecer relacionamentos, provocar a comunicação pessoal, possuir o senso de equipe e transitar, confortavelmente, na diversidade.

A competitividade e a geração de novas metodologias de trabalho obrigam as organizações a repensarem os perfis daqueles que estão à frente do processo de tomada de decisão. Esses líderes devem ser pessoas flexíveis, inovadoras, criadoras, pois as ações e práticas por eles executadas caracterizam sua figura como a de "espelhos" do processo.

O modelo vertical tradicional, representado por uma hierarquia de funções, e característica do final dos anos 1970, foi substituído por uma estruturação de processos, onde os gestores passam a pensar as organizações como sendo "seu próprio negócio". Algumas empresas brasileiras já adotaram esse modelo, principalmente as lojas de departamentos, que, na busca da fidelização dos clientes e na manutenção da qualidade do atendimento, treinam os vendedores como "líderes" de vendas. O resultado é benéfico, pois, além de se conhecer o perfil do líder que está à frente do setor, tem-se a possibilidade de conhecer melhor seu desempenho. Observam-se, também, a rentabilidade e os custos inerentes da área.

Com a transformação da área de recursos humanos, considerada norteadora das diretrizes e da escolha dos perfis ideais de cargos, para a gestão de pessoas, os indivíduos são visualizados como parceiros organizacionais. Os modelos antigos são superados e, segundo Vergara (2016, p. 30), "nas atuais relações de trabalho o paternalismo dá lugar ao compartilhamento de responsabilidade" (Quadro 1.1).

No ambiente de pessoas como parceiras, o líder surge como conciliador, motivador, comunicador e colaborador.

Nesse estágio, é inegável a observação de Bennis apud Renesch de que hoje o novo perfil de liderança está amparado na seguinte trilogia: direcionamento, criação e fortalecimento. Com esse novo paradigma, acontece nova tendência: "pessoas que não só dispõem de grande energia, mas que também são capazes de energizar aqueles por eles liderados" (Bennis, apud Renesch, 1994, p. 104).

Analisemos, então, a trilogia proposta:

Direcionamento – além dos recursos disponíveis, representados pelo tangível e intangível das organizações, o líder de hoje direciona as pessoas para os objetivos comuns. O direcionamento corresponde, principalmente, à intenção das equipes, o espírito de fazer parte do conjunto.

Como exemplo, cita-se Henry Ford, cujos projetos de carros eram projetados para ricos e pobres (Bennis, apud Renesch, 1994, p.104). Havia preocupação de direcionar o produto para uma coletividade.

QUADRO 1.1 As pessoas e as organizações.

Pessoas como recursos	Pessoas como parceiras
Empregados isolados no cargo	Colaboradores agrupados em equipes
Horário rigidamente estabelecido	Metas negociadas e compartilhadas
Preocupação com normas e regras	Preocupação com resultados
Subordinação ao chefe	Atendimento e satisfação do cliente
Fidelidade à organização	Vinculação à missão e à visão
Dependência da chefia	Interdependência entre colegas e equipes
Alienação em relação à organização	Participação e comprometimento
Ênfase na especialização	Ênfase na ética e na responsabilidade
Executoras de tarefas	Fornecedoras de atividade
Ênfase nas destrezas manuais	Ênfase no conhecimento
Mão de obra	Inteligência e talento

Fonte: Chiavenato, 2014, p. 315.

Criação – as organizações modernas necessitam de pessoas que criem um clima organizacional saudável, onde os problemas encontrados são solucionados e minimizados. Os líderes devem ser pessoas adaptativas, criativas e dispostas a criar ambientes de aprendizagem. Os conflitos, consequentemente, são prevenidos e as organizações experimentam um sentimento de construção de confiança entre os colaboradores, crença na missão e coerência na visão.

Fortalecimento – para Bennis (apud Renesch, 1994), os líderes fortalecidos creem que suas atitudes possuem significado e importância. As organizações, por sua vez, estabelecem um elo com esse perfil de liderança, criando um sistema de comunicação que engloba todos os departamentos. É o que chamamos de interação, estímulo e energia.

Esse modelo, assinala Bennis (apud Renesch, 1994, p.102), é o protótipo das empresas do futuro, que não mais serão piramidais. As novas empresas serão redes, aglomerados, equipes interdisciplinares, sistemas temporários, forças de trabalho, módulos, matrizes e outras com figurações que possivelmente aparecerão no mundo empresarial.

Insere-se a esse conceito os modelos de *home office*, que significa "escritório em casa", e *coworking*, que agrega o trabalho autônomo e a interatividade com pessoas de diversas áreas.

COMO INTERAGIR A LIDERANÇA COM A INTERNACIONALIZAÇÃO?

Uma das fontes de energia das organizações é a das pessoas, que aumenta ou diminui conforme o sucesso ou fracasso acontecido.

A interação entre as pessoas e as empresas e a qualidade pretendida são fundamentadas no grau de comprometimento das pessoas com seu trabalho e com as organizações.

Segundo Lisboa (1998, p. 4),

"A interação homem/organização é complexa e dinâmica, com elementos de reciprocidade. A base desse processo é o 'contrato psicológico', ou seja, a expectativa existente entre as duas partes e que vai além do contrato formal de trabalho, regulando as relações de interação e regendo o comportamento das pessoas e da empresa".

Assim, é importante compreendermos a diferença entre envolvimento e comprometimento. O líder precisa ter a percepção de sentir, pelo comportamento de seus colaboradores, até que ponto pode obter resultados (positivos ou negativos) com seus colaboradores.

Envolvimento – é o sentimento dispensado pelo funcionário ao seu trabalho. Na verdade, é um sentimento de exclusividade que o indivíduo sente em relação ao seu salário, ascensão profissional. Podemos exemplificar pelo comportamento de um gerente de vendas, que está satisfeito com sua produção, tem orgulho de ocupar o cargo que lhe é destinado. Raramente pensa na empresa como parceira de seu crescimento profissional. Aliás, em uma primeira oportunidade, não é raro desligar-se da empresa que trabalha para ser contratado por outra que o remunere um pouco mais ou ofereça melhores benefícios e vantagens.

Comprometimento – é o sentimento dispensado pelo funcionário à organização. É o sentimento de orgulho e satisfação que o colaborador exterioriza por ações, como: recomendação da marca, dos produtos, acompanhamento do crescimento, parceria nos momentos de dificuldades.

Siqueira (2003, p. 391) afirma que a realização dos objetivos da organização, o alcance de metas e a competitividade de uma empresa são medidos pelo grau de comprometimento das pessoas.

Cabe não somente às organizações, mas também aos líderes procurarem mecanismos de comprometimento dos colaboradores para com seus cargos e instituições.

A permanência do trabalhador na empresa fica vinculada à garantia de ganhos, como: compromissos assumidos em compra e vendas de bens duráveis e não duráveis, benefícios recebidos pela empresa (cestas básicas, planos de saúde, creches, transporte, alimentação, escolas etc.). As perdas dos benefícios significam mudanças em seus planos de vida e, principalmente, familiar.

A perda desses benefícios significa uma revisão de vida, onde compara os investimentos feitos, os resultados obtidos na empresa e os custos de perda.

Nos momentos de conflitos e decepções, esse balanço é feito e refeito, ocasião em que opta pela permanência ou não na empresa.

As grandes empresas possuem outro benefício para motivar e comprometer seus colaboradores, que é a possibilidade de visitar instituições internacionais ou mesmo estagiar em algumas filiais.

O importante é que as organizações, representadas pelos seus líderes, estejam atentas ao resultado das inovações. Desde o processo de recrutamento e seleção, as organizações necessitam estabelecer critérios que comprometam as pessoas em suas atividades e na esfera organizacional. E, mais importante, fazê-los sentir o quanto é importante sua participação e colaboração na prestação de serviços ou nos processos de produção. Importante, também, declinar as possibilidades de expandir seu conhecimento internacionalmente.

O comprometimento é considerado, por Rodriguez (2005, p. 150), uma das formas mais "atraentes" do processo de liderar, pois a obtenção de resultados e do atingimento de metas está relacionada com quatro tópicos importantes: o pertencer à equipe, o orgulhar-se da empresa, o desafio de novas oportunidades de crescimento e de novas frentes de trabalho.

Cabe ao líder a responsabilidade de utilizar esses quatro itens como ferramenta de gestão. Cabe, não somente às organizações, mas também aos líderes, procurarem mecanismos de comprometimento dos colaboradores para com seus cargos e instituições, para torná-la mais humanizada, objetiva e competitiva.

A internacionalização para a área da administração inicia na academia e, a partir dos anos 1990, passou a integrar o princípio da pesquisa e extensão. Foram firmados convênios entre instituições nacionais e internacionais para provocar a ida de docentes e discentes para diversos continentes.

Os efeitos obtidos são os seguintes:

- Melhoria na formação acadêmica.
- Expansão da formação de docentes.
- Expansão da aprendizagem e troca de informações.
- Desenvolvimento de novas competências e lideranças.
- Diversidade cultural.
- Geração de novas tecnologias.

A globalização foi o marco inicial da globalização e da necessidade de oficializar esses efeitos. Ocorreu uma transformação de ordem mundial, possibilitando uma análise dos cenários locais, o autoconhecimento e a interação com grupos multiprofissionais.

Conforme citado, a área acadêmica foi impulsionada para esse processo para agregar informações para avaliação dos cursos de graduação.

Segundo Lisboa, in Kuazaqui (2019), as áreas mais escolhidas para internacionalização são:

- Engenharias e demais áreas tecnológicas: estudantes das dezenas de ramos dentro da engenharia, entre eles: engenharia da computação, de alimentos, de petróleo e gás, elétrica, florestal, industrial, de materiais, de energia, química, têxtil, física, mecânica, entre outras.

- Ciências exatas e da terra: estudantes de agronegócios, agronomia, arquitetura e urbanismo, astronomia, física, geofísica, estatística, geologia, matemática, oceanografia e química.
- Biologia, ciências biomédicas e da saúde: alunos da medicina, odontologia, medicina veterinária e áreas correlatas.
- Indústria criativa: alunos de cursos superiores com ênfase em produtos e processos para desenvolvimento tecnológico e inovação.
- Computação e tecnologias da informação: estudantes de cursos de ciência da computação, análise de sistemas, sistemas de informação, tecnologia da informação, processamento de dados e engenhara da computação, entre outros correlatos.
- Tecnologia aeroespacial.
- Fármacos: alunos de formação em fármacos e medicamentos.
- Produção agrícola sustentável.
- Petróleo, gás, carvão mineral.
- Energias renováveis.
- Tecnologia mineral.
- Biotecnologia.
- Nanotecnologia e novos materiais.
- Tecnologias de prevenção e mitigação de desastres naturais.
- Biodiversidade e bioprospecção.
- Ciências do mar.
- Novas tecnologias de engenharia construtiva.
- Formação de tecnólogos.

Portanto, o programa compreende 18 áreas do conhecimento e atinge apenas os alunos e os professores das áreas mencionadas.

Para Lisboa, in Kuazaqui (2019, p. 324), "os benefícios do programa aos alunos são de grande significância, pois oferecerão a ele um diferencial em seu currículo, vantagem competitiva e qualidade na futura carreira".

Pela internacionalização, os alunos estimulam a promoção de experiências acadêmicas e profissionais. E por que internacionalizar?

Segundo o INEP – Instituto Nacional de Estudos e Pesquisas Educacionais Anísio Teixeira –, a promoção da internacionalização direciona o estudante a:

- Conhecer as ações em desenvolvimento na educação superior.

- Promover experiências acadêmicas e profissionais.
- Ampliar os cenários de formação.
- Desenvolver competências globais.
- Desenvolver competências linguísticas e interculturais.
- Melhorar a qualidade de formação a partir das avaliações das políticas de internacionalização promovidas pela Instituição de Ensino Superior (IES).

Assim, trata-se de um processo resultante do amadurecimento das IES e visa à inserção no cenário mundial.

A figura 1.1 apresenta os benefícios que os programas de internacionalização oferecem aos estudantes brasileiros.

FIGURA 1.1 Currículo internacionalizado para o estudante. Fonte: http://www.abmes.org.br/noticias/detalhe/1372/na-abmes-especialistas-abordam-o-processo-de-internacionalizacao-do-ensino-superior.

Os resultados da internacionalização para os estudantes estão vinculados ao princípio do "saber":
- Saber = incorporar conhecimentos.

- Saber fazer = adquirir habilidades.
- Saber agir = desenvolver atitudes.
- Resultado: competência é uma inteligência prática (Zarifian, 2001) porque se apoia em conhecimentos adquiridos e os transforma em aplicabilidade. Gera a socialização.

Para as instituições de ensino superior foi significante, uma vez que puderam rever e adotar novas metodologias e didáticas adaptáveis às realidades brasileira e internacional. Um ponto extremamente positivo foi o desenvolvimento de pesquisas voltadas para competências e, também, a capacidade de acompanhar o desenvolvimento de novas tecnologias.

Segundo Magaldi e Salibi Neto, "o novo paradigma de educação de gestão deve preparar os alunos para construir conexões a partir de seu repertório pessoal. Esse repertório deve ser nutrido constantemente com conteúdos multidisciplinares, referências práticas e valorização da experiência individual" (2018, p. 162).

Agregamos a essa citação a experiência internacional obtida em viagens, cursos, seminários, artigos publicados, participação em eventos dentro ou fora do País e, principalmente, o estudo de um segundo idioma para que possa realmente alavancar sua carreira.

CONCLUSÕES

O capítulo discutiu os desafios existentes para as lideranças diante da internacionalização de carreiras, do comprometimento, da motivação e da comunicação. As passagens que estão intimamente ligadas ao conceito discutido no texto, que é o do líder-servo, citado por Spears, simbolizam o que sua teoria preconiza, que é a preocupação das pessoas com as outras pessoas.

Expõe no texto que, em qualquer tipo de ambiente (público ou privado), estamos sempre procurando o líder ideal, eficiente e verdadeiramente preocupado e dedicado às pessoas. Esse é o motivo de as pessoas serem a razão de ser da liderança.

Vimos, também, que o processo organizacional é muito dinâmico e imediato, necessitando de que as pessoas estejam em equilíbrio com o ambiente interno e a figura do líder nesse contexto é de confiança, porque os liderados confiam em seu julgamento, caráter e inteligência.

Em relação à internacionalização de carreiras, apresentaram-se os itens da percepção necessários para mensurar o grau de sentimento dos colaboradores em relação às empresas.

A necessidade de internacionalizar nasce, atualmente, nas instituições de ensino superior, tendo em vista as próprias exigências de avaliação dos órgãos governamentais. Assim, a provocação junto aos jovens parte das diretrizes curriculares e dos convênios fixados com universidades internacionais.

Portanto, a necessidade que sentimos de ter um líder à frente será sempre uma constante. Como o mercado é caracterizado por constantes mudanças, os indivíduos precisam adaptar-se a esse mundo, ter flexibilidade na mudança de comportamento, a fim de que possam atingir seus objetivos, metas e expectativas, compatibilizando com os ideais das organizações.

BIBLIOGRAFIA

Abud F, Olivieri R. Internacionalização de carreiras, empresas e negócios. São Paulo: Globus Editora; 2018.

Bergamini CW. Motivação nas organizações. São Paulo: Atlas; 1997.

Blanchard K. As três chaves do empowerment: guia prático. Rio de Janeiro: Record; 2001.

Bowditch JL, Buono AF. Elementos de comportamento organizacional. São Paulo: Cengage Learning; 2016.

Chiavenato I. Gestão de pessoas. 4ª ed. São Paulo: Manole; 2014. O sobrenome dele é um um "t"

DeCotiis T, Summers T. A path analisys of a model of the antecedents and consequences of organizational commitment. Human Relations. 1987;40(7):445-70.

Giulliani R. O líder. Rio de Janeiro: Campus; 2002.

Hall S. A identidade cultural no pós-modernidade. 9ª ed. Rio de Janeiro: DP&A; 2004.

https://blog.runrun.it/economia-4-0/). Acessado em 19/5/2019.

http://www.abmes.org.br/noticias/detalhe/1372/na-abmes-especialistas-abordam-o-processo-de-internacionalizacao-do-ensino-superior. Acessado em 19/5/2019.

https://www.webartigos.com/artigos/internacionalizacao-da-carreira/11200. Acessado em 17/5/2019.

Inácio SRL. Internacionalização da carreira. https://www.webartigos.com/artigos/internacionalizacao-da-carreira/11200. Acessado em 17/5/2019.

Kuazaqui E (org). Relações internacionais: desafios e oportunidades de negócios do Brasil. São Paulo: Literare Books International; 2018.

Kuazaqui E, Lisboa TC, Gamboa M. Gestão estratégica para a liderança em serviços de empresas privadas e públicas. São Paulo: Nobel; 2004.

Küller JA. Ritos de passagem. São Paulo: Senac; 1996.

Lakatos EM. Sociologia da administração. São Paulo: Atlas; 1997.

Lisboa TC. Reflexões sobre fatores motivacionais. São Paulo: Universidade Mackenzie; 1998 (tese de doutorado).

Magaldi S, Salibi Neto J. Gestão do amanhã. São Paulo: Editora Gente; 2018.

Meireles M, Paixão MR. Teorias da administração: clássicas e modernas. São Paulo: Futura; 2003.

Moller C. Employeeship: como maximizar o desempenho pessoal e organizacional. São Paulo: Pioneira; 1996.

Renesch J. Liderança para uma nova era: estratégias visionárias para a maior das crises do novo tempo. São Paulo: Cultrix; 2004.

Rodriguez MVRY, Vieira R, Loureiro J. Gestão estratégica de recursos humanos: compartilhando conhecimento para o desenvolvimento dos negócios. Rio de Janeiro: Qualitymark; 2006.

Siqueira MMM. Comprometimento organizacional afetivo, calculativo e normativo: evidências acerca da validade discriminante de três modelos brasileiros. Campinas-SP: Anais da ENANPAD; 2001.

Spears LC. The servant as leader. Indianópolis: Michele Lawrence; 1994.

Ulrich D, Fernández-Aráoz C. Liderança e pessoas. São Paulo: HSM Editora; 2015.

Vergara SC. Gestão de pessoas. 16ª ed. São Paulo: Gen Atlas; 2016.

Wagner J III, Hollenbeck JR. Comportamento organizacional: criando vantagem competitiva. 3ª ed. São Paulo: Saraiva; 2012.

Zarifian P. Objetivo competência: por uma nova lógica. São Paulo: Atlas; 2001.

CAPÍTULO

2 Influência da Cultura Organizacional Sobre o Processo Decisório da Liderança

Shirlene Ribeiro

"A cultura devora a estratégia no café da manhã"
(Peter Drucker)

INTRODUÇÃO

A cultura organizacional é estudada por vários autores em diferentes períodos da história. O tema é amplo e diverso, sendo praticamente impossível haver uma única definição de cultura organizacional. Da mesma forma, os conceitos e modelos de liderança são extensivamente publicados todos os anos e estamos sempre aprendendo um pouco mais a respeito. Portanto, neste capítulo, interessa-nos apresentar a influência da cultura organizacional na forma como o líder toma decisões. Serão apresentados, como exemplo, dois tipos de liderança: o líder centralizador, aparentemente vinculado a um modelo de gestão antiga, e o líder inspirador e visionário, como o modelo mais atual de gestão.

Minha curiosidade por esse tema iniciou na década de 1990, sendo parte da minha pesquisa de dissertação de mestrado, publicada em 2000. A metodologia utilizada na época consistiu em pesquisa descritiva qualitativa, levantamento de dados bibliográficos, pesquisa documental relacionada ao histórico das organizações estudadas, entrevistas presenciais envolvendo 80 executivos, observações diretas e questionário de avaliação 360 graus. Foi analisada a associação entre a influência da cultura organizacional no exercício da liderança. Os resultados obtidos apontaram para a forte influência que a cultura organizacional possui sobre os diferentes estilos de liderança encontrados nas empresas. Entretanto, um ponto que particularmente chamou a atenção foi que, embora a cultura influencie o estilo de liderança, ela não é determinante, considerando que o sujeito é autor e protagonista de suas escolhas e decisões e possui valores e crenças próprias que podem não estar de acordo com às da Organização.

Nesse sentido, ressalta-se a importância do autoconhecimento como fator de empoderamento. Autoconhecer-se significa, de forma simples, ser mestre de si, ter autoliderança, tornar-se um ser humano melhor para si mesmo e consequentemente para os outros através dos relacionamentos interpessoais. A dimensão do controle emocional tem forte ênfase, pois representa maior assertividade na tomada de decisões pessoais e/ou profissionais. O autoconhecimento permite também que a pessoa descubra suas qualidades, pontos fortes e valores internalizados aumentando sua autoestima, bem como possibilita que ela reconheça pontos de melhorias.

A pesquisa realizada atualizou-se durante anos de exercício profissional atuando como consultora, desde os anos 2000 até a atualidade. Novas leituras sobre o tema e, em especial, a vivência prática dentro de diferentes organizações, no Brasil e no exterior, possibilitaram ampliar a percepção e reconhecer limites. Um entendimento importante foi a importância do executivo brasileiro ou não, para o exercício de sua carreira internacional, compreender os diferentes aspectos *da cultura organizacional*, no país onde estiver que, claramente é influenciada pela cultura local, no que diz respeito a valores e crenças compartilhados[1], costumes – expressos por meio da linguagem, dos ritos de passagem, do processo deci-

---

[1] O conceito de valores e crenças compartilhados é adaptado de Schein (1985).

sório das lideranças e que são aprendidos e repetidos pelos seus membros até se tornarem a forma de agir e "ser" daquela Organização. A *formação cultural* de um país é influenciada pela sua história, sua geografia, sua religião, sua etnia, seus fatores políticos e econômicos e por seu processo educacional. Tais elementos, chamados legados culturais são forças poderosas. Possuem raízes profundas e podem permanecer por séculos, persistindo geração após geração, praticamente intactos, mesmo quando as condições econômicas, sociais e demográficas que os geraram já desapareceram. Segundo Gladwell (2008) a herança cultural desempenha um papel tão importante no direcionamento de atitudes e condutas que não podemos entender nosso mundo sem avaliá-la com o devido cuidado.

Trabalhando em empresas multinacionais de origem italiana, americana, japonesa, portuguesa e belga, e em diferentes tipos de negócio, foi possível observar a influência da cultura do país nas empresas locais e no seu processo de gestão. No caso da Itália, especificamente, pelo fato de ter tido a oportunidade de morar no país e trabalhar simultaneamente na matriz e na empresa do Brasil, foi notória a miscigenação das culturas, brasileira e italiana, e a respectiva influência nos processos decisórios. Algumas vezes, as decisões eram bastante demoradas na matriz brasileira em função da necessidade de atender a diferentes interesses, mercados locais e respectivas legislações. Em especial, destaco os conflitos existentes pelas crenças e hábitos presentes nas respectivas culturas. O confronto de ideias, na Itália, é algo presente e positivamente percebido, enquanto no Brasil ele tende a ser evitado. Assim como há diferenças regionais no Norte e Sul do Brasil, também na Itália este é um fator que afeta a forma como as decisões são tomadas, considerando o respectivo legado cultural e os aspectos de desenvolvimento. Harrisson e Huntigton (2000) destacam que a geografia é tão importante que os cientistas sociais deveriam dedicar mais tempo e profundidade nas análises do desenvolvimento econômico e sua influência.

Outro exemplo presente na minha experiência foi o trabalho para uma empresa de tecnologia americana, cuja matriz é em Nova Iorque, instalada em Portugal. O aprendizado mais marcante foi reconhecer as dificuldades de avanços em mudanças na gestão da cultura de inovação, em função de um conjunto de fatores presentes na cultura americana e portuguesa. A matriz americana esperava resposta rápida, pronta adequação aos novos parâmetros estabelecidos. Já a filial portuguesa esperava padrões e procedimentos claros que pudessem ser testados com antecedência e que respeitassem o mercado local, considerando os clientes potenciais e a legislação vigente naquele país – bastante diferente da legislação americana. Para a filial portuguesa, o tempo para realização das mudanças seria, no mínimo, duas vezes maior do que aquele definido pela matriz americana. As discussões foram longas em função de percepções isoladas que não contemplavam uma visão sistêmica do verdadeiro problema: a questão cultural. A cultura do empreendedorismo – típica do país Americano, mais aberta a lidar com riscos em situações ambíguas e incertas – era considerada pouco factível de aplicação para a cultura portuguesa, que tinha como limitação questões legítimas de regulação legislativa, maior burocracia nas aprovações de importações e exportações, além do mercado local e seus clientes que preferiam conhecer muito bem os produtos e sua eficácia antes de comprá-los. Novamente é importante marcar a ausência de juízo de valor nesta análise.

Os exemplos citados podem ser aplicados em outras culturas. Ao ser expatriado, o líder deve estar disposto a fazer uma ampla análise do ambiente e dos diferentes aspectos que poderão afetar sua adaptação e, consequentemente seu modelo de gestão. Em todos os casos, é preciso suspender o julgamento sobre "certo e errado", prevalecendo a ampla discussão para avaliar o ponto de vista de cada um, o bom senso e o respeito mútuo para uma boa decisão. Devem-se levar em conta as crenças, presentes na cultura dos países, marcadas pela história e os diversos fatores já citados. A cultura de uma Organização não pode ser modificada por decreto ou políticas, necessitando ser conhecida mais profundamente para se propor mudanças.

Em duas décadas, atuando no desenvolvimento de líderes e visando impactar processos de mudanças nas organizações, seja no papel de *coach*, seja na ministração de treinamentos específicos, foi possível constatar resultados efetivos apenas quando houve a cooperação – uma disposição verdadeira para se atuar em conjunto – e a humildade de ambas as partes para reconhecer oportunidades de aprendizado. Mais que isso, é preciso definir um propósito claro vinculado ao planejamento estratégico da Organização. Quando os objetivos são claros, quando há sentido e significado no "o que fazer", "para que" e "porque", as chances dos resultados serem alcançados é significativamente maior. O modelo mental, mais aberto e flexível para experimentar o novo, é fator crucial para se fazer ajustes na cultura organizacional e implantar novos modelos de gestão. O processo de mudança, nesses casos, pode-se dizer que é feito por decantação[2] – o que exige diferentes habilidades aparentemente contraditórias: senso de urgência e paciência. As mudanças no comportamento passam por fases, como reconhecer o hábito existente e, portanto, o confortável jeito de se fazer as coisas e, aos poucos, substituí-lo por novas formas de perceber, compreender, avaliar, criar, agir e tomar decisões. O senso de urgência[3], por sua vez, é fator de sucesso, pois significa não perder o *timing* certo. Nem muito rápido, pois pode ser superficial, nem muito lento, pelo fato de provocar o descrédito.

Ao longo desses anos, compreendi que a cultura organizacional só muda se *as crenças que movem as ações* das pessoas mudarem. Isso significa que não é apenas uma mudança racional, por convencimento. Em especial, no Brasil, é algo que toca a emoção. O novo comportamento tem como base a confiança de que a mudança beneficiará a todos os *stakeholders* envolvidos, como empregados, empresários que compõem a cadeia produtiva (incluindo clientes e fornecedores), sociedade local, em uma óptica de sustentabilidade (empresarial, ambiental e social). É preciso gerar o "orgulho de pertencer", de fazer parte de um negócio que respeita o meio ambiente, a ética nos negócios, que gera empregos e devolve à sociedade um pouco mais do que ela ofereceu em termos de recursos. As empresas mais bem-sucedidas foram aquelas que conseguiram atingir níveis altos de consciência sobre a necessidade da mudança,

---

[2] A decantação é um método de separação de misturas heterogêneas. No caso do líquido e sólido, o primeiro passo é deixar a mistura em repouso, visto que a parte sólida costuma ser mais densa. A citação no texto é, portanto, metafórica.

[3] O senso de urgência é um atributo das pessoas e que poderá ser desenvolvido em termos atitudinais para apoiar mudanças na cultura organizacional.

com forte coesão interna, construção de confiança e alianças. Em especial, a criação de uma visão envolvendo um futuro sustentável para as gerações posteriores.

Visando compreender os principais elementos que impactam no processo decisório da liderança, vale aprofundar um pouco mais no conceito de cultura, seu processo de formação, a função da cultura e sua influência na gestão de pessoas, em especial em equipes multiculturais para, finalmente, compreender como a liderança toma decisões.

CULTURA ORGANIZACIONAL

ALGUMAS DEFINIÇÕES

De forma simples, é possível definir cultura como um conjunto de conhecimentos, crenças compartilhadas, artes, aspectos morais, leis, costumes e todos os demais rituais e práticas adotados pelos indivíduos como elementos de um determinado grupo ou sociedade, conforme destaca Hofstede (1990). A cultura compreende, também, todos os símbolos e significados compartilhados pelos membros do sistema.

A origem e a sustentação da cultura provêm de uma mesma fonte – as pessoas que compõem a Organização. Essas pessoas, devido à sua própria natureza, possuem aspirações, inspirações, personalidades diversas, percepções e reações, influenciadas por diferentes fatores, incluindo seu aprendizado, maturidade e experiências individuais.

A cultura pode ser entendida também como o elo ou a cola dos objetivos e das metas traçados ao longo do tempo. Isso a torna um elemento ímpar e singular, praticamente irreplicável – por isso cada cultura é única. O quadro 2.1 apresenta o conceito de cultura, no contexto das organizações, sob diferentes olhares e autores.

Ao analisar os diferentes conceitos, é possível afirmar que a cultura organizacional tem caráter holístico e sistêmico, que integra diferentes relações internas, influenciada por fatores externos que contribuem para sua atualização ao longo do tempo.

Influência da Cultura Organizacional Sobre o Processo Decisório da Liderança **27**

Quadro 2.1 Diferentes definições de cultura organizacional e sua influência no comportamento das pessoas que compõem uma Organização.

Schwartz e Davis (1981) entendem que a cultura organizacional confere às pessoas os sensos de comportamento e ações adequados a um determinado grupo

Schein (1985) define a cultura organizacional como o conjunto de características chave que a empresa valoriza e que a diferencia das demais. Consiste no padrão de pressupostos básicos desenvolvido pelo grupo com base nos problemas de adaptação e integração enfrentados – e superados. Dada a efetividade desse conjunto, este, passa a ser entendido como válido e sua transmissão é feita aos novos membros da Organização

Deal e Kennedy (1982) definem a cultura organizacional como a maneira pela qual os projetos são feitos nas Organizações

Gordon (1991) define cultura organizacional como o produto da adaptação bem--sucedida da Organização ao seu ambiente

Para Hofstede (1998), cultura organizacional é a programação mental e coletiva que distingue os membros de uma Organização, quando comparada a outras. Presume-se, ainda, que a cultura resida na mente de todos os elementos do grupo, de todos os níveis

Christensen e Gordon (1999) afirmam que a cultura organizacional pode ser representada por um conjunto de práticas determinadas e consistentes que, uma vez reportadas em todos os níveis da Organização, devem apresentar permeabilidade por toda a empresa. A origem dessa consistência e dessa permeabilidade deve residir em fatores como convicções dos fundadores e características culturais locais, entre outros

Rollinson e Broadfield (2002) salientam que cultura organizacional é a percepção da Organização que está permanentemente presente nas mentes de seus membros e que baliza e fundamenta seus movimentos

Schmidt (2002) afirma que a cultura organizacional é constituída pelos valores, normas e comportamentos que caracterizam e definem uma empresa e seu ambiente de trabalho. Ainda, é ela que baliza o modo pelo qual os membros da empresa se portam, a distribuição de responsabilidades e os mecanismos de recompensa

Nelson e Quick (2003) explicam a cultura organizacional como o sistema básico de hipóteses e suposições válidas ensinando aos novos membros da Organização e que serve como referência para que estes a compreendam e sintam-se como parte dela

Trompenaars e Woolliams (2003) entendem que a cultura organizacional consiste no conjunto de ferramentas, regras e métodos utilizados pela Organização para enfrentar os problemas recorrentes de seu dia a dia

Fonte: adaptado pela autora. Bibliografia ao final do capítulo.

FORMAÇÃO DA CULTURA ORGANIZACIONAL

Para que seja originada e estabelecida a cultura de uma Organização, é necessário que ocorra a interação contínua de um grupo definido no qual as pessoas se influenciam mutuamente e estejam orientadas por um objetivo e um propósito comum. Essa cultura pode ser modelada por alguém (o fundador da empresa, por exemplo) que exerça forte liderança, seja por poder, seja por autoridade. Na convivência diária, no enfrentamento e na superação conjunta dos obstáculos é que se obtêm os contornos particulares desse sistema de regras de convivência e comportamentos – que se forma a cultura propriamente dita.

De acordo com Calori e Sarnin (1991), há três fatores principais que são direcionadores na formação da cultura de uma Organização: 1. os fundadores, ao definirem os perfis de pessoas que serão recrutadas e selecionadas, conforme suas convicções, e que influenciam as maneiras de pensar e agir dos contratados; 2. a história, que evidencia o conjunto de comportamentos, práticas, hábitos e ferramentas utilizados para superar os desafios, servindo de base para o *mindset* das pessoas; e 3. a estratégia de atuação, que, em linhas gerais, delineia as ações das lideranças e o processo decisório para que os objetivos sejam alcançados. Além destes, podem-se destacar outros fatores, tais como corpo de líderes, cultura local do ambiente em que a Organização está inserida, mercado em que atua, tipo de negócio, país onde se localiza, entre outros.

INFLUÊNCIAS DA CULTURA ORGANIZACIONAL

Entre as diferentes influências que a cultura organizacional exerce, destacam-se estratégia, gestão dos processos e das pessoas.

- **Estratégia** – definição da missão, da visão e dos valores que serão os direcionadores da Organização para fazer a leitura do mercado e do posicionamento estratégico.

- **Processos** – os processos do negócio definem como as empresas desempenham sua atividade para entregar valor aos seus clientes. Isso significa a forma como a Organização realiza seu trabalho. Esses processos são, em geral, representados por um conjunto de atividades, estruturadas e interligadas, as quais são executadas a partir de *inputs*, a fim de atingir um objetivo específico do mercado ou de determinado cliente (*outputs*) – seja ele, interno e/ou externo à Organização.

- **Estrutura de pessoas** – significa: 1. definir como as pessoas serão atraídas, recrutadas e selecionadas para serem admitidas na Organização; 2. identificar formas de transmissão da cultura por meio de treinamentos introdutórios e de apresentação das políticas internas relativas à maneira apropriada para que as relações entre os elementos do grupo sejam desenvolvidas e as contrapartidas esperadas; 3. apresentar os meios de trabalho, papéis e responsabilidades relativas ao cargo; 4. estabelecer os padrões de recompensas e como serão ofertados; 5. estabelecer os padrões de comunicação interna e externa; 6. definir políticas de avaliação de desempenho vinculadas ou não à remuneração.

Em geral, há também uma série de normativas internas, presentes na cultura, que não são explícitas e que podem ser aprendidas ao longo do tempo, por exemplo: a) como os comportamentos devem ser controlados e os meios para que isso ocorra; b) quais modelos de gestão internos devem ser "copiados" e considerados modelos de sucesso a serem imitados; c) quais virtudes, características e comportamentos dos membros do grupo são valorizados, tolerados e não tolerados; d) como devem ser as relações entre os membros da Organização (coletiva ou individual, formal ou informal etc.); e) o que pode ou não ser dito, explicitamente, em função do grau de confiança presente entre os membros.

Considerando o conjunto de variáveis a serem identificadas como aspectos da cultura a ser analisada, vale ressaltar a importância da identificação dos membros com a Organização, fortalecendo esse vínculo e atuando como modelador e moderador dos comportamentos. Ou seja, quanto mais forte e dominante a cultura, maior a aderência dos comportamentos ao conjunto de regras e práticas definido por ela. Portanto, esses diferentes fatores estão intrinsecamente relacionados à forma como as decisões são tomadas.

CULTURA ORGANIZACIONAL E LIDERANÇA

O comportamento de qualquer membro da Organização, o que ele pensa, fala ou faz, independentemente da sua posição hierárquica, é influenciado diretamente pela liderança. O líder define e comunica o que a Organização espera que cada membro faça (desempenho) e qual será a recompensa por isso (consequências). Em outras palavras, a cultura e o desempenho da Organização estão intimamente relacionados, entre outros fatores, à maneira de quem a lidera. A liderança pelo exemplo é ainda a mais forte forma de comunicação entre líder e colaborador.

Todos os dias, os líderes das organizações definem padrões, comunicam, medem e executam a gestão de consequências, o que reforça a cultura da empresa e seu desempenho. A maior parte das conexões das pessoas com a Organização vem das lideranças e dos demais membros que compõem o grupo. Logo, é necessário que a cultura seja adequadamente gerenciada, servindo à estratégia da empresa.

Visto isso, chegamos à essência deste capítulo para responder à questão: como os modelos de liderança, no que diz respeito ao processo decisório, são influenciados pela cultura organizacional?

PROCESSO DECISÓRIO DA LIDERANÇA E CULTURA ORGANIZACIONAL

Conforme foi relatado nos conceitos já sustentados por diferentes autores, a força que a cultura organizacional possui sobre os comportamentos individuais e coletivos é grande. Entretanto, quero resgatar aqui a prerrogativa do sujeito em seu processo decisório no que se refere à cultura, pois ele poderá manter-se na Organização – e, dessa forma, ser mantenedor ou agente de mudança dessa cultura –, ou sair da empresa caso seu conjunto de crenças e valores pessoais seja bastante diferente daqueles presentes no discurso e distantes da prática organizacional.

Ao longo de duas décadas, dentro ou fora das empresas, percebi, com certa frequência, o quanto o modelo de liderança se ajusta à cultura. A hipótese que levantei, em diversas ocasiões, foi que alguns tipos de cultura organizacional reforçam crenças pessoais, tornando-as ainda mais rígidas e até irracionais. Por exemplo, no que diz respeito ao processo decisório.

Processo decisório

Uma das principais atribuições da liderança é tomar decisões. O líder ou gestor deve constantemente decidir sobre o que deve ser feito, quem deve fazê-lo, quando, onde e com que recursos. Seja quando estabelece objetivos e aloca recursos, seja quando resolve os diferentes problemas e desafios diários. Para que um processo decisório funcione bem, é importante considerar que a pessoa responsável seja capaz e que tenha conhecimento suficiente para decidir. O líder deverá ponderar sobre o efeito das decisões presentes sobre o futuro. Dessa forma, em uma definição bastante simples, decidir é optar ou selecionar, entre várias alternativas de ações, aquela ou aquelas que pareçam ser mais adequadas no contexto analisado, visando obter o melhor resultado.

Para solucionar um problema, é preciso antes identificá-lo, analisar os critérios, a forma de elaborar, avaliar e escolher alternativas, verificando a eficácia da decisão. Portanto, o ato de tomada de decisão pode representar fonte de sofrimento para algumas pessoas e ser mais leve para outras. Por exemplo, algumas pessoas possuem dificuldades nas decisões mais simples, como escolher um programa para o final de semana ou o que vão oferecer no jantar em determinada ocasião.

A dificuldade para tomar decisões acontece frequentemente em qualquer situação, em função das escolhas que envolvem consequências, positivas ou negativas, por isso a decisão exige um compromisso efetivo com a escolha feita. O que implica renunciar alguma das alternativas analisadas. No entanto, para minimizar os riscos do processo decisório, é importante ampliar o contexto, buscar diferentes alternativas, expandir a percepção e identificar cenários próximos da realidade. Isso pode ser feito através de fatos e evidências, para que as possibilidades da decisão possam ser examinadas sob todos os ângulos, reduzindo o risco de insucesso. Também é preciso, sempre que possível, testar as hipóteses, ouvir diferentes percepções, abrir-se para o novo. Nesse sentido, as equipes multiculturais e/ou multidisciplinares oferecem oportunidades ricas de enxergar sob diferentes realidades e contextos.

A racionalidade do processo decisório tem sido um dos temas centrais na análise organizacional, sendo Max Weber, por meio de sua teoria sobre burocracia, um dos principais precursores da sistematização do tema no âmbito da teoria das organizações. Para Weber (1940), o tomador de decisão irá buscar, na eficiência da decisão, a obtenção de resultados máximos, utilizando meios e recursos sempre limitados. Por esse motivo, o processo decisório contém, na sua essência, uma racionalidade limitada, onde o tomador de decisões, na maioria das vezes, não tem condições de analisar todas as alternativas possíveis e receber todas as informações necessárias. Ainda que ele evite a incerteza, seguindo certos padrões e regras, o ambiente muda e novas estatísticas somam-se ao processo. Em um mundo em constantes mudanças como na atualidade, o processo decisório tornou-se ainda mais complexo.

Além disso, não se pode descartar a aplicabilidade na análise da racionalidade no que diz respeito, por exemplo, à atividade política nas decisões organizacionais (Dean e Sharfman, 1996; Mintzberg, 1985).

Outra influência em processos decisórios nas organizações é o poder, que, além de ser utilizado na obtenção de recursos, pode ser sutilmente usado na definição de critérios que favoreçam a posição de uma unidade de negócios em detrimento de outra. Entretanto, nesse caso, vale ressaltar que a interdependência interna entre as unidades de negócios e seus processos tende a minimizar a utilização do poder nas decisões. E este deveria ser um caminho a ser estimulado pela alta direção. O trabalho em rede em óptica de "co-construir" soluções que favoreçam o negócio de forma global, em vez de áreas isoladas.

No Brasil, como em outros países, a questão do poder ainda pode ser determinante na tomada de decisão; os diferentes atores envolvidos tendem a interferir nas estruturas de poder da Organização por meio de táticas políticas, como: 1. formação de coalizões, alianças em torno de um ponto de vista ou problema; 2. cooptação, tentativa velada de mudar a posição do tomador de decisão; 3. uso estratégico de informações, manipulação e controle de canais de informações críticas; e 4. uso de especialistas externos, apoio de consultores para legitimar uma proposição (Eisenhardt e Bourgeois, 1988; Eisenhardt e Zbaracki, 1992).

Em análise mais ampla, é possível afirmar que decisões que se apoiam fortemente na política, nas organizações, estão sempre relacionadas a aspectos importantes presentes na própria cultura: a existência de múltiplos objetivos, a deficiência do planejamento, a comunicação ineficaz da estratégia e seu respectivo alinhamento, bem como a escassez de recursos.

Dessa forma, aspectos de limitação humana e limitação organizacional fazem com que decisões ótimas sejam substituídas por decisões satisfatórias. Vale lembrar aqui o paralelo entre o homem econômico e o homem administrativo, nos estudos de March e Simon (1981, p. 124). Enquanto o homem econômico "maximiza seus esforços, seleciona a melhor alternativa entre as que se lhe apresentam", o homem administrativo "contemporiza, isto é, busca um curso de ação satisfatório ou razoavelmente bom".

Outros aspectos igualmente importantes podem ser destacados, relativos à racionalidade ou irracionalidade das decisões, estudados por diferentes autores, tais como: 1. a prática diária que desenvolve a capacidade da pessoa para lidar com as dificuldades cotidianas, refletindo e aprendendo com elas; 2. o aprendizado conceitual, que amplia a percepção da realidade, do ponto de vista teórico e abstrato, sendo possível confrontar o já conhecido com outras experiências vividas; 3. valores e crenças introjetados, expressos pela capacidade de pautar as ações por meio da percepção do que seja mais valioso, não somente através de cálculos objetivos, mas também baseado em experiências passadas, ou do presente, que confirmam as convicções; 4. visão analítica, que está baseada em cálculos e formas aprendidas de resolução de problemas, por meio de ações fundamentadas em padrões racionais, baseados em regras, leis, regulamentos de caráter universal; 5. prática da empatia visando colocar-se no lugar do outro e entender sua realidade, respeitá-la e encontrar um objetivo comum que traga benefícios mútuos.

Em todas essas situações, a influência da cultura organizacional é relevante, considerando a referência básica para interpretação da realidade pelo tomador de decisões, tendo em vista que a cultura oferece um conjunto de ferramentas, regras, modelos e métodos que conferem sentido e significado às decisões assumidas.

No que diz respeito ao estilo de liderança, os aspectos de personalidade presentes na essência do indivíduo e os aspectos aprendidos através do processo de socialização – ocorridos nas diferentes instituições, tais como família, escola, igreja, cidade onde nasceu ou reside, país de origem, relacionamentos interpessoais, entre outros – irão influenciar igualmente as crenças que apoiarão as escolhas das diferentes alternativas que compõem o processo decisório. Um ponto de destaque é que o sucesso obtido no passado pode criar referências (crenças limitantes) que não sirvam mais para os desafios presentes e futuros.

Temos dentro das organizações, muitas vezes convivendo juntas, lideranças que *aspiram* ser líderes mais democráticos, formadores de indivíduos e equipes, defensores dos clientes e de resultados compartilhados por meio de bônus e recompensas, intrínsecas e extrínsecas, com outros tipos, também chamados líderes (ou gerentes), que continuam acreditando que sem sua presença a Organização não produz, não entrega, não dá lucro!

Nesse sentido, diferentes modelos de liderança[4] têm sido estudados, tendo como aspecto comum, nessa transição, a importância do líder no papel de desenvolver as pessoas, capacitá-las para assumir maiores responsabilidades, analisar e resolver problemas, "pensar como donas", serem agentes de mudança. Em uma perspectiva sistêmica, a cultura organizacional é a base para influenciar e apoiar modelos de lideranças mais eficazes em sua gestão e, é claro, no processo de tomada de decisões.

E O LÍDER DIGITAL? LIDERANÇA 4.0
EXIGE CULTURA ORGANIZACIONAL 4.0?

De forma geral, o tema mudança nas organizações é tão vasto quanto cultura, liderança e processo decisório. A cultura organi-

---

[4] Modelos de liderança: apenas a título de exemplo – liderança carismática, transformadora, conectora, *coach*, liderança anfitriã, líder digital, liderança servidora, entre outras.

zacional é um processo que está relacionado a diferentes variáveis, incluindo a adaptação ao ambiente externo, que pressiona fortemente as mudanças. A mais discutida atualmente é a cultura digital – resultado das inovações tecnológicas presentes na chamada Quarta Revolução Industrial. Definindo-a de forma simples, ela se caracteriza pela conectividade em tempo real, graças ao advento da *internet*, que impulsiona o avanço constante das tecnologias de comunicação e informação. Uma fusão entre o mundo real e o virtual. O impacto no sistema de produção e consumo é enorme, nesse sentido.

O termo Indústria 4.0 surgiu na Feira de Hannover, em 2011, e foi amplamente discutido no Fórum Econômico Mundial em 2015. As principais tecnologias da Revolução Industrial incluem, além da *internet* das coisas, o *Big Data*, a computação em nuvem, a robótica avançada, os novos materiais e as novas tecnologias de manufatura (impressão 3D), a inteligência artificial, entre outros.

Autores como Magaldi e Salibi Neto, no livro *Gestão do amanhã* (2018), provocam diferentes reflexões a respeito da nova forma de pensamento das lideranças capazes de fazer a gestão funcionar. O *Pense Bold*[5] é um dos exemplos explorados pelos autores. O pensar *bold* significa pensar de forma exponencial e não linear. Um pensamento disruptivo. Significa, ainda, atrair as pessoas para um propósito, um sonho comum.

Para tal, a cultura organizacional necessita ter como valores a colaboração e a abertura à inovação, além de ter um processo decisório com base em informações confiáveis e precisas (*data-driven decision making*). Mais do que apenas conhecer tecnologias, o maior desafio está em articular e integrar o valor das tecnologias digitais, dando um tratamento adequado às informações que permitam aos gestores tomar melhores decisões. A disponibilidade e a transparência das informações é que auxiliarão a empresa a prever e se adaptar mais rapidamente às novas condições de mercado – bastante voláteis hoje em dia.

Toda essa mudança requer alterar o modelo mental das pessoas que se relacionam com o negócio – o que inclui, além do público interno, o público externo, tais como fornecedores, governos,

---

[5] Em inglês, ousado, arrojado e corajoso.

universidades e outros entes que possibilitem impactar de forma *sustentável* o futuro da empresa.

Nesse sentido, alguns aspectos precisam ser destacados: a **comunicação eficiente da visão de mudança** – é importante desenvolver diversos veículos para comunicar a visão, as histórias de sucesso, os progressos diante dos objetivos traçados e todas as mensagens-chave para manter e promover novas mudanças. Outro ponto de destaque é estimular um ambiente de **adaptabilidade e flexibilidade.** O "núcleo" da cultura deve ser estável, mas precisa ser adaptável e flexível às características de cada ambiente, endereçando as principais ameaças e oportunidades à mudança cultural desejada. **Informação e senso de responsabilidade** – conforme a cultura é moldada, mais informações precisam ser compartilhadas, principalmente com as lideranças (de todos os níveis). O alinhamento é imprescindível para que as decisões estejam integradas às estratégias da Organização. E, é claro, esse alinhamento precisa ser em todos os níveis para garantir uma única mensagem.

É senso comum afirmar que as políticas e práticas de recursos humanos são o alicerce que sustenta a cultura. Nesse sentido, o recrutamento e a seleção de pessoas devidamente alinhadas à nova cultura da empresa constituem a melhor forma de "retroalimentar" seus princípios, uma vez que moldam continuamente quais são as premissas de comportamento desejadas.

Finalizando, e trazendo um pouco a minha prática profissional, vejo como importante definir um plano de mudanças apoiado incondicionalmente pela alta administração. Formar uma coalizão administrativa forte o suficiente para manter e disseminar o mesmo discurso é fator imprescindível para alterar os comportamentos que se deseja. A presença ativa das lideranças junto às equipes de trabalho, a orientação e o desafio ao alto desempenho são estratégias que funcionam. Entregas de resultados medíocres precisam ser desencorajadas com *feedback* autêntico, comunicando o que se espera e apoiando no que for necessário para que o resultado aconteça. Para eliminar hábitos e modelos mentais instalados, é preciso criar novos e repeti-los até que se tornem válidos o suficiente para serem praticados rotineiramente.

CONCLUSÃO

A exigência de novos papéis dentro das organizações, em especial no que diz respeito ao papel das lideranças, tem sido amplamente discutida, procurando novas características de perfil do líder. Atualmente, a gestão assumiu uma complexidade ainda maior, dado o ambiente de mudanças aceleradas e novas tecnologias.

Para se tomar boas decisões é fundamental entender o ciclo do negócio e a maturidade da empresa, além da maturidade de seus líderes e liderados. Assim como as pessoas, as empresas passam por diferentes fases de amadurecimento e muitas ideias não são aceitas pela ausência de percepção da necessidade ou simplesmente por modelos mentais diferentes. A funcionalidade do que se pratica internamente é o que leva a Organização à eficácia e, portanto, legitima a manutenção da cultura organizacional. O que ocorre, muitas vezes, é a cegueira em relação ao ambiente externo e à urgente necessidade de mudança e adequação às exigências, cada vez mais sofisticadas, dos clientes.

Investir no desenvolvimento do pensamento criativo e inovador, questionar as certezas absolutas, buscar o novo, fazer *benchmarking*, olhar para o entorno e aprender com as *startups* podem ser uma boa estratégia para estimular mudanças na cultura organizacional e influenciar as lideranças a pensarem "fora da caixa".

Os novos modelos de negócio estão ancorados em uma boa estratégia e na sua execução, em um contexto no qual a cultura digital, ampliada pela Quarta Revolução Industrial, é uma realidade emergente. Nesse contexto, para executar é preciso ter pessoas capacitadas e com autonomia para tomar decisões com base em informações rápidas e seguras. A confiança, a credibilidade e a transparência são elementos norteadores das relações nesse novo ambiente. O trabalho em equipe e em rede não funciona em ambientes com pouca autonomia, forte hierarquia e relações de poder centralizadoras, nos quais as decisões são adiadas e acabam por perderem-se no emaranhado burocrático da ausência de processos integrados.

O novo modelo de liderança, seja transformador, seja digital, deve integrar as equipes em um ambiente que estimule a busca de resultados que incluam inovações, maior criatividade e, portanto, visões diferentes. É preciso ampliar a autonomia com responsabilidade. Ter liberdade de criar dentro de projetos nos quais gêneros, culturas, cor ou opção sexual sejam fatores que não concorram com a competência e as habilidades para produzir os resultados.

Concluindo, para ser positiva e transformadora, a influência da cultura organizacional sobre o processo decisório da liderança deve apoiar-se na clareza de propósito e na estratégia organizacional. A execução e a busca de resultados excelentes têm como alicerce o senso de cooperação e a confiança sem os quais não há engajamento possível. No perfil da liderança devem estar presentes as competências para aprender a aprender, mente aberta, criação de um ambiente de trabalho positivo e *feedbacks* constantes. Mais diálogos entre as equipes para evolução do seu desempenho e correção de desvios. Maior objetividade na comunicação e no compartilhamento de informações para suportar o processo decisório. Nesse contexto, o papel do líder é, principalmente, desenvolver a si mesmo e às pessoas como agentes de transformação da realidade, seja dentro do seu país ou em um país estrangeiro. Compreender a cultura local, aceitar as diferenças, praticar a empatia, ter humildade são condições mínimas para tomar decisões que afetem positivamente o negócio.

BIBLIOGRAFIA

Aires RWA, Kempner Moreira F, Freire PS. Indústria 4.0: Competências requeridas aos profissionais da quarta revolução industrial. In: VII Congresso Internacional Do Conhecimento E Inovação – CIKI. Foz do Iguaçu. Anais do VII Congresso Internacional do Conhecimento e Inovação; 2017.

Calori R, Sarnin P. Corporate culture and economic performance: a French study. Organization Studies. 1991;12(1):49-74.

Christensen EW, Gordon GG. An exploration of industry, culture and revenue growth. Organization Studies. 1999;20:397-423.

Deal TE, Kenney AA. Corporate cultures: the rites and rituals of corporate life. Boston: Addison-Wesley; 1982.

Dean JWJ, Sharfman MP. Does decision process matter? A study of strategic decision-making effectiveness. Academy of Management Journal. 1996;39(2):368-96.

Drucker P. As cinco perguntas essenciais que você sempre deverá fazer sobre sua empresa. Rio de Janeiro: Campu; 2008.

EIsenhardt K, Bourgeois LJ III. Politics of strategic decision making in high velocity environments: Toward a midrange theory. Academy of Management Journal. 1988;31:737-70.

Fleury MTL, Fischer RM. Cultura e poder nas organizações. 2ª ed. São Paulo: Atlas; 1996.

Gordon G. Industry determinants of organizational culture. Academy of Management Review. 1991;16(2):396-415.

GRADWELL, M. Fora de Série. Outliers. Rio de Janeiro: Sextante, 2008.

Harrison R. Understanding your organization´s character. Harvard Business Review. 1972;50(3):119-28.

Harrisson L, Huntigton S. Culture Matters: How Values Shape Human Progress. New York: Basic Books; 2000.

Hofstede G, Geert Hofstede, Neuijen B, Daval Ohayv D, Sanders G. Measuring organizational cultures: a qualitative and quantitative study across twenty cases. Administrative Science Quarterly. 1990;35(2):286-316.

Hofstede G. Culturas e Organizações: compreender a nossa programação mental. Lisboa: Sílabo; 1997.

Hofstede G. Identifying organizational subcultures: an empirical approach. Journal of Management Studies. 1998; v. 35.

Johnson J, Dakens L, Edwards P, Morse N. Switchpoints: culture change on the fast track for business success. New Jersey: John Wiley & Sons, Inc.; 2008.

Killmann RH, Saxton MJ, Serpa R. Issues in understanding and changing culture. California Management Review. Vol. 28, n. 2. Oakland: University of California Press; 1986.

Kotter JP. Liderando mudança. 20ª ed. Rio de Janeiro: Elsevier; 1997.

Magaldi S, Neto JS. Gestão do amanhã. São Paulo: Gente; 2018. p. 256.

Mintzberg H. Estrutura e dinâmica das organizações. Lisboa: Publicações Dom Quixote; 1995.

Nelson DL, Quick JC. Organizational behavior. Mason: Thomson South-Western; 2003.

Robbins SP. Fundamentos do comportamento organizacional. 7ª ed. São Paulo: Pearson Education; 2004.

Rollinson D, Broadfield A. Organizational behavior and analysis. London: Pearson Education Limited; 2002.

Schein EH. Organizational culture and leadership. New Jersey: Jossey-Bass; 1985.

Schwab K. A quarta revolução industrial. São Paulo: Edipro; 2016.

Schwartz H, Davis SM. Matching corporate culture and business strategy. Organizational Dynamics. 1981;10(1):30-48.

Schmidt J. Making mergers work: the strategic importance of people. Stanford: Towers Perrin; 2002.

Simon HA. Bounded rationality and organizational learning. Organization Science. 1991;2(1):125-34.

Trompenaars F, Woolliams P. A new framework for managing change across cultures. Journal of Change Management. 2003;3:361-75.

Zadek S. A rota da responsabilidade empresarial. Harvard Business Review Brasil. 2005;83(8)42-51.

CAPÍTULO

3 Características do Novo Líder Padrão Mundial

Raissa Venezia Borba
Valdir Ribeiro Borba

PRELIMINARES

Esse novo líder é um profissional com capacidade de relacionamento. Essa relação é baseada em consideração positiva que permite realizar tanto o potencial próprio quanto o de outras pessoas, permitindo ainda que seja criada uma identidade integrada maior que a soma das partes, que se ilumina por toda organização por meio do consciente emocional coletivo.

Esses líderes preparados para carreira internacional são verdadeiros diplomatas empresariais no mundo e potencialmente condutores de melhores resultados no trabalho, pois possuem as características de liderança convergente e renovadora que lhes dotam com a capacidade de garantir valores, atitudes e comportamentos que intrinsecamente motivam a eles mesmos e aos outros, a fim de que tenham uma percepção mais aguçada da efetividade das relações e dos negócios.

Esse líder moderno é uma pessoa consistente e difusora do *Empowerment*. Atua preparando indivíduos para agirem plenamente em um processo de delegação e gerência participativa. Consequentemente, *esse novo e moderno líder formata a nova organização e encanta parceiros e clientes.*

CARACTERÍSTICAS DA ATUAÇÃO GERENCIAL

Preocupando-se com o desenvolvimento de sua capacidade gerencial e atendendo aos seus novos deveres e funções, do líder como executivo e diplomata empresarial, distinguiu-se pelas seguintes características:

a) Ele é um "gestor e diplomata empresarial de **nível** internacional" – preocupado com estratégias, metas e programas, e essencialmente com gestão de talentos e com o bem-estar dos seus comandados em qualquer empresa ou em qualquer parte do mundo, mais do que com procedimentos, normas e meios, desenvolvendo uma gestão estratégica integral.

Desvincula-se mais da ação executória, concentrando-se sempre mais na ação decisória e de relacionamentos empresariais. É por isso que o executivo internacional cada dia mais se distingue como "tomador de decisões e representante diplomático da sua organização ou governo".

O gestor eficaz dispõe de habilidade necessária para optar entre duas ou mais alternativas e para assumir os riscos inerentes à ação e às negociações, bem como aos relacionamentos empresariais.

b) Usa adequadamente o tempo – o tempo é o recurso mais importante do gestor e valoriza o tempo tanto nas ações quanto nas relações empresariais de negociações e de representação. Tratando-se de um bem inelástico distribui e programa de acordo com a importância de suas responsabilidades, respeitando os aspectos de representatividade empresarial nos relacionamentos, priorizando os compromissos que envolvam estratégias com repercussão de dimensão de governança.

Tem consciência da função inovadora em outro país que lhe compete na empresa internacional, reservando para si um tempo suficiente para a reflexão e o estudo. Usa esse tempo preocupado não com as atividades exigidas pela organização, mas com suas responsabilidades diante desta.

c) Tem consciência de ser o executivo internacional e o representante diplomático da organização – o executivo moderno não se questiona a respeito de atividades que a organização lhe atribui, mas a respeito das suas responsabilidades diante dela e de seus liderados. Em vez de perguntar o que deve fazer para a organização e para os colaboradores, procura saber qual a contribuição que ele como gestor deve dar.

Mais do que se preocupar com o passado se preocupa com o que há de vir e investiga novas oportunidades para a organização.

O gestor moderno com carreira internacional sabe que seu recurso mais importante é o conhecimento amplo e antenado, inclusive de nível mundial. A experiência não é suficiente para a identificação de soluções novas. Investe, portanto, no conhecimento que lhe proporciona e garante a imaginação de novos objetivos para a empresa e a realização das mudanças de base que essas exigem para que possam atender os requerimentos de nível internacional.

Como executivo internacional e verdadeiro diplomata empresarial (representante da organização), não se transforma em simples executor de procedimentos, capaz de modificar apenas os processos, ao contrário, é essencialmente estrategista e se volta para os objetivos da organização que a adaptam às novas condições e exigências ambientais, nacionais e internacionais. Não se fecha em sua organização, mas olha para cima e para os lados, ou seja, para seu exterior, incluindo a internacionalização de seus produtos e serviços.

Tem consciência de que sua responsabilidade primária está no atendimento às necessidades externas do ambiente e, por isso mesmo, subordina a estrutura, os critérios e os métodos organizacionais aos programas que, por sua vez, devem responder às necessidades ambientais, ao essencial e não apenas ao importante.

d) O gestor se preocupa em cumprir bem as importantes e decisivas responsabilidades e atividades – o executivo moderno e eficaz seleciona o que será objeto de sua atuação e se concentra em poucos itens; naqueles que, de fato, são representativos e farão diferença no seu desempenho e perante o mercado.

Selecionando, ainda, o objeto de sua atuação, o executivo moderno imagina e mantém a organização jovem flexível e ávida por inovações, não sobrecarregando com pesos inúteis, que só lhe dificultam a caminhada e a renovação.

e) Estabelece objetivo e metas e prevê resultados – não vive no passado nem se satisfaz na avaliação do presente, o que lhe interessa é o futuro e o futuro do mundo. Também sabe o que quer e aonde e quando sua organização deve chegar. E, de fato, para lá a conduz. Identifica os caminhos e os percorre com segurança, não se detendo em sua marcha. Sua visão é global e sua gestão holística em 360 graus. Como internacionalista e verdadeiro diplomata empresarial, não isola a organização do meio ambiente, mas permite e provoca a interação recíproca e age em razão desta, elaborando programas, definindo objetivos, traçando políticas e avaliando resultados.

f) Concebendo a administração como ciência social aplicada, garante-lhe, pela prioridade do humano sobre o mecânico, os resultados a que se propôs – o gestor moderno em âmbito mundial, como diplomata, enfoca prioritariamente as relações pessoais, a agregação de valores, a competência interpessoal, o clima psicossociológico organizacional, os estilos e os perfis de liderança, as diversidades, as possibilidades de autorrealização no trabalho e a criatividade. Define e busca alcançar os objetivos corporativos, individuais e coletivos, desenvolvendo talentos e criando oportunidades.

Essa nova concepção da administração, pelo maior poder de motivação que encerra, além de realizar as pessoas, possibilita, pela elevação da produtividade, que a empresa atinja os objetivos e as metas previstas.

Assumindo essa concepção da administração, o executivo distingue-se de fato do executor e vence o desafio de alcançar resultados por meio da participação efetiva de pessoas.

Desafio, aliás, difícil de vencer porque a tendência é garantir resultados pelo esforço próprio. Saber produzir por meio de outros é um dos critérios da eficácia do executivo.

g) Concebe a organização como um sistema aberto – o gestor moderno e eficaz não isola a empresa, mas garante sua permanente interação com o meio ambiente sobre o qual exerce influência e pelo qual é influenciado.

Em face disso, a empresa supõe e exige constante e apurada informação do ambiente para poder responder-lhe com acerto. Em outras palavras, desconhecendo o ambiente, a empresa não lhe poderá dar respostas adequadas e talvez continue oferecendo produtos ou serviços indesejáveis e até desnecessários, reduzindo sua capacidade de auto sustentação e a obtenção de seus propósitos.

Concebida e administrada como sistema aberto e antenada com o mundo, a empresa tem capacidade de crescimento, mudança, adaptação e até autorreprodução, o que não acontece com os sistemas fechados cuja administração está concentrada nas regras de seu funcionamento interno, nos procedimentos e não nos programas que devem operacionalizar as demandas do ambiente.

Concebendo ainda a organização como sistema aberto interagindo com o ambiente, o líder eficaz não importa soluções e técnicas de ambientes que lhe são diferentes, também, não se torna insensível à necessidade de mudanças e de adaptações contínuas dos produtos ou serviços à demanda em constante mutação, principalmente nessa era de revolução industrial 4.0. Mesmo que, no passado, tenha sua organização obtido excelentes resultados, não se acomoda nem se tranquiliza porque os tempos mudam e sua empresa também o deve fazer, para não se tornar desnecessária ao ambiente.

Esse é o papel mais importante do líder executivo como diplomata empresarial.

h) O executivo moderno e internacional lidera programas e projetos – atento para a identificação das necessidades do meio ambiente mundial e descobrindo-as, o líder eficaz as transforma em programas ou projetos que ele mesmo lidera e defende.

É claro que, nessa identificação de necessidade, distingue o importante do essencial, concentrando-se neste último.

Para o líder eficaz, o passado já não tem o mesmo valor de possibilitar a previsão do futuro que teve até há algum tempo, pois ele sabe que estamos na "era da evolução contínua, do conhecimento e da informação, e especialmente da revolução industrial 4.0 e da mundialização de produtos e serviços".

Sabe que revoluções tecnológicas e evoluções sociais resultam em um novo ambiente que interfere nos objetivos e nas metas da empresa, exigindo do executivo extraordinária capacidade de adaptação aos novos desafios, demandas e exigências e já não basta que a organização responda aos problemas do presente, como fazia no passado. Ela deve preparar-se, sempre mais, para oferecer uma resposta válida aos problemas do amanhã, que precisa antever. E isso exige não apenas mudança, mas inovação. Novas formas e novas estratégias organizacionais devem ser as respostas à nova realidade ambiental mundial que se cria. Daí os novos programas que precisa criar, liderar e defender para garantir à sua função legitimidade e importância.

Sem inovação e sem os correspondentes programas a organização não poderá enfrentar os novos desafios que lhe são feitos por um ambiente e mesmo por um futuro que já se faz presente, especialmente nesse momento da revolução industrial 4.0.

A inovação é difícil e complexa. Ela não se confunde com uma administração boa ou eficiente. Exige a criação de novos objetivos e de novos meios para atingi-los. Exige atenção para o que está surgindo e não para o aperfeiçoamento do passado. Exige que os esforços sejam concentrados no essencial, no que, de fato, maximiza os resultados da organização e lhe assegura juventude e flexibilidade permanentes, facilitando sua adequação às novas situações ambientais.

Vê-se, pois, que o líder 4.0 nível mundial, como diplomata empresarial, não é aquele que se concentra em sua empresa e lhe assegura uma estrutura eficiente, mas aquele que a faz interagir com o meio ambiente e possibilita responder com eficácia às novas exigências e desafios que lhe são feitos por meio de programas correspondentes.

Esse gestor internacionalista se envolve diretamente com programas de responsabilidade social e ambiental, procurando contribuir para a qualidade de vida no planeta, e não apenas em sua organização, mas para toda sociedade local, regional e internacional.

i) O executivo nível mundial dá ênfase à essência dos relacionamentos e não à forma. Todos os bons executivos afirmam que o foco essencial é o que importa, e o líder 4.0 de padrão internacional, de fato, lhe dá a primazia sobre a forma.

Essa tendência cresce com a complexidade das organizações. Ora, a forma é secundária e se presta apenas para pôr a essência (relacionamentos e representatividade) em evidência por meio da política que os determina.

O executivo moderno, nível mundial, distingue, portanto, o fundamental e essencial do secundário. Ele vai ao âmago de suas responsabilidades e não fica pela rama. Dedica seu tempo ao que lhe é pertinente e exclusivo e não ao secundário e delegável. Examina constantemente seu proceder (atitudes e comportamentos) para afastá-lo da forma e dirigi-lo para a essência. Os gestores internacionais modernos, eficazes e interessados na essência, relacionam-se em função dela.

j) O líder internacional eficaz é verdadeiro diplomata empresarial – como líder 4.0, sabe da importância de se envolver e de participar do processo de integralidade com integridade e por isso desenvolve sua inteligência multidisciplinar e multicultural; atua como ser integral e aplica sua inteligência racional (QI), juntamente com suas emoções (QE), à inteligência social ou relacional (QS), não somente no trabalho, mas em todas suas relações, tornando-se líder empresarial inteligente, o que faz de si um verdadeiro empreendedor e diplomata empresarial padrão mundial, que compartilha seu sucesso, gerando riquezas e valores materiais e transcendentais para todos. Essa é a sua MARCA, ou seja, a verdadeira marca de líder diplomata empresarial de nível internacional.

A IMPORTÂNCIA DO ENTUSIASMO E DA MOTIVAÇÃO NA FORMAÇÃO DO LÍDER INTERNACIONAL

Esse é um fator importantíssimo na autoconstrução de um líder padrão internacional, ou seja, manter-se motivado, entusiasmado com a carreira ou com a profissão que escolheu e que pretende alçar voos sem limites nacionais e ser realmente um líder com marca mundial. Portanto, é preciso considerar que existem valores inerentes à inteligência essencial nas organizações que transcendem a própria inteligência empresarial.

Essa nova forma de pensar e agir está gradativamente ganhando espaço no mundo empresarial internacional e corporativo das organizações de nível mundial e, com isso, torna-se necessário alcançar rapidamente um novo estilo de gestão formatado pela liderança holística e renovadora, com um novo estilo de líder com conhecimentos e abrangência multifocal e com forte relacionamento internacional.

Todos os líderes, executivos ou CEO têm algo em comum. Todos têm que buscar soluções, formular perguntas, definir planos, fazer opções e decidir sobre essas escolhas, procurando encontrar a melhor solução, o melhor caminho, *The Best Way* moderno; tudo isso, sozinho, rapidamente e com precisão cirúrgica; com isso, muitos deles desgastam-se, tornam-se ansiosos e até dependentes de estímulos externos, quando adquirem vícios, dependência de remédios, hipocondria e outras formas mais perigosas de fuga. Daí a importância de buscar uma vida salutar e plena em todos os sentidos, inclusive nos emocionais.

Líderes fazem escolhas estratégicas que modificam empresas e mudam a vida de pessoas e até da humanidade. Grandes líderes fizeram grandes escolhas e influenciaram a vida de muitas pessoas e assumiram a responsabilidade por elas.

Ser líder é se preparar e ter disposição para essas grandes buscas e grandes escolhas. Certamente, liderança nesse nível pressupõe renúncias e muitas vezes em favor de outros.

Houve grandes líderes que realmente marcaram a história da humanidade, mas houve um que mudou tudo, que renunciou a tudo, inclusive a própria vida, em favor de todos. Esse líder mudou completamente a história e o relacionamento e com isso dividiu até a contagem cronológica do tempo, dividindo em duas grandes épocas: Antes Dele e Depois Dele. Esse foi o grande líder que serve de exemplo para todos nós e deveria ser um modelo especialmente para os líderes e executivos, dentro de uma abordagem de integralidade convergente e no estilo de liderança servidora e renovadora.

Liderança é um assunto que nunca para de fascinar e sua base é a *motivação* e o *entusiasmo* e seu desenvolvimento é a competência com capacidade técnica sobre o setor de atuação da organização e principalmente pelo empreendedorismo e pela inovação.

Motivação é o *movere*, ou seja, um ou vários motivos externos que movem para o processo de liderança, de comando. Motivação é exatamente um incentivo, geralmente externo, podendo ser cargo, recompensa financeira, *status*, poder e tantos outros valores tangíveis que permeiam a própria liderança. Enquanto entusiasmo é um motivo que vem de dentro e não tem nenhuma fonte externa. Ou seja, entusiasmo é uma força com origem no âmago da própria pessoa e tem por base os princípios e os valores latentes e convergentes na missão pessoal e profissional do líder. É uma forte convicção do ser e do saber o que se quer realmente.

Entusiasmo é, portanto, uma centelha da alma que se manifesta por uma vontade própria muito forte. Tem origem no íntimo da pessoa ou no seu próprio espírito. É o *inspirare* ou *respirare*, ou seja, é a essência que representa a própria pessoa ou então metaforicamente é a manifestação de Deus dentro da pessoa.

Quando a origem e a base da liderança estão alicerçadas no entusiasmo, certamente o processo será plenamente equilibrado, proativo e totalmente assertivo e verdadeiro. Como afirmou Albert Einstein. "O que importa é conhecer os segredos de Deus e o resto são meros detalhes".

Para exercer a liderança é preciso ter motivação (motivo externo, recursos, *status*, recompensa, ganhos financeiros, lucro, valor) e entusiasmo (motivo profundo de consciência), além de competência latente, ou seja, raciocínio lógico, capacidade lógica, visão abrangente e sistêmica, senso de observação e habilidades inatas e adquiridas.

A competência desenvolvida para liderança é adquirida por meio de treinamentos, mas a competência ou habilidades de consciência têm origem na profundidade do ser, nos seus valores e na sua visão de integridade e de integralidade, ou seja, na consciência genuína que aflora de dentro para fora, por meio da intuição, inspiração, criatividade e inovação. Esses elementos são preponderantes para a perseverança e o sucesso em uma carreira internacional.

O processo de criação e inovação está ligado diretamente à essência da pessoa e, portanto, a uma essência maior que criou o Universo e nos criou e continua evoluindo e nos dirigindo para essa competência latente de buscar, ousar e criar. É a própria criação com a evolução que gera a inovação e o desenvolvimento em todos os sentidos e do saber humano. Está presente em tudo e em todos, pois é o próprio movimento de desenvolvimento do Universo e da vida.

Criatividade e inovação têm origem sempre na inspiração que vem de dentro e também, certamente, é um processo laboral e que depende da observação, da comparação e especialmente do conhecimento e da persistência, e assim torna-se transcendente a toda forma de pensar e de agir nos processos industriais e essencialmente nos relacionamentos, especialmente nos relacionamentos transculturais e multinacionais das organizações.

Liderança é um processo entre pessoas e especialmente para o relacionamento no grupo e entre grupos e com isso gera um modelo de necessidades de grupo com objetivos do próprio.

O grupo tem necessidade de realizar tarefas, cumprir a missão e alcançar objetivos comuns, além da necessidade de se manter como unidade coesa. Nesse particular, identificamos os objetivos e a necessidade de alcance de metas coletivas como o espírito de grupo ou equipe, e aqui reside o ponto central da liderança plena que deve atender a diversidade das necessidades físicas, sociais, intelectuais e de sentidos (emoções) individuais e do grupo, e essencialmente as relativas aos relacionamentos profissionais e sociais.

A necessidade emocional do grupo tem por objetivo alcançar a condição de felicidade no trabalho e o senso de realização e de contribuição com o grupo. Portanto, nesse aspecto a liderança deve focar nas qualidades de seus membros e que se energizarão e impregnarão o coletivo do grupo e cabe ao líder demonstrar valores de integridade e entusiasmo, conhecimento e habilidades, persistência e perseverança, pois a sinergia dessas qualidades dá credibilidade as suas ações e o credencia para conduzir o grupo. Essas qualidades trazem o ideal de que um bom líder padrão mundial é direcionado para o bem e para a prosperidade de maneira coletiva.

A motivação é um dos motores da liderança e vem de fontes externas e não pode prevalecer sobre o entusiasmo e os motivos altruístas de fundo moral e do bem, pois, se assim for, os motivos gerarão necessidades e desejos fora dos princípios de integridade e com isso o líder será um *antilider*, ou um líder tirano, déspota, egoísta, exclusivista, manipulador, centralizador e seu foco será sempre a dominação.

Não é esse o propósito, ao contrário, apresenta-se o novo líder holístico, inovador 4.0, que é facilmente identificado e qualificado, servindo de paradigma para os demais líderes da sociedade, dos governos e das corporações nacionais e internacionais. O propósito é desenhar um padrão de líder mundial, antenado para o bem comum da sociedade e das organizações, um verdadeiro líder 4.0, holístico.

A motivação quando correta e aliada a entusiasmo consciente e puro tornam a liderança renovadora, transformadora e direcionada para o bem das relações e dos membros do grupo, sem perder o foco das metas e objetivos do próprio grupo, quer seja um grupo social, empresarial ou mesmo governamental.

O modelo dessa liderança de integridade e integralidade convergentes é o próprio Jesus da Bíblia, que nos legou os maiores princípios e conhecimentos da liderança servidora, como um modelo altamente eficaz de liderança.

Atualmente, tem-se a consciência de um processo criativo e inovador de gestão com a formação de um novo modelo de liderança que levará rapidamente para um moderno modelo de gestão, do tipo gestão e liderança 4.0. É isso que se busca, mas antes é preciso formar líderes dentro desse princípio de integridade e de integralidade, para inteireza ética.

Daí a importância deste trabalho para definir e defender uma metodologia para a criação de um planejamento estratégico pessoal alinhado pelo *BSC Balanced Scorecard* pessoal para que se possa construir uma MARCA PESSOAL para esse novo e moderno líder, especializado em relações e que seja verdadeiramente um "líder diplomata empresarial, padrão mundial".

O LÍDER E SUA MARCA PESSOAL

O líder dessa nova abordagem científica da administração é essencialmente vocacionado para a diplomacia empresarial em relacionamentos locais e internacionais, e por isso sua grande característica é o relacionamento, a competência relacional e o preparo para negociações de altíssimo nível e em diversos idiomas.

Por ser líder vocacionado para os relacionamentos políticos e estratégicos, esse líder é fiel e altamente comprometido com o trabalho, com as pessoas e com a empresa, organização ou governo que defende.

Esse líder mantém-se intimamente entusiasmado e altamente motivado. É um ser ativo e centrado nos processos, na inovação, no empreendedorismo e essencialmente nas relações. Além da dedicação ao trabalho é também plenamente integrado com a família, amigos e sociedade em geral. Faz do seu trabalho e dos seus relacionamentos uma brilhante oportunidade para melhorar a qualidade de vida das pessoas e para o aprimoramento político e social da sociedade, agindo com responsabilidade social, o que o torna plenamente feliz e proativo.

Esse novo líder – como verdadeiro diplomata empresarial e social – é um ser social com capacidade de relacionamentos de alto desempenho. E essas relações são baseadas em respeito ético e na consideração positiva que permitem realizar tanto o potencial próprio quanto de outras pessoas, permitindo ainda que seja criada uma identidade integrada maior que a soma das partes que se ilumina por toda organização por meio do consciente emocional coletivo.

O perfil do líder empresarial de nível internacional é altamente relacionado e socializado e tem um traço distintivo (sua MARCA personalizada) e diferido dos demais líderes organizacionais tradicionais.

Esses líderes são entusiasmados e focados nos relacionamentos e têm uma incomparável disposição de se preocupar com os outros e de trabalhar para que suas organizações cumpram suas respectivas missões de maneira dignificante. São criaturas dotadas de habilidades políticas e técnicas que são empregadas para transmitir confiança e confiabilidade aos *stakeholders* internos e externos e manter esse padrão em todos os relacionamentos locais, regionais e internacionais, em nome da organização ou do governo.

Esses líderes relacionais, ou internacionalistas empresariais, são potencialmente condutores de melhores resultados no trabalho, pois possuem as características de liderança social e espiritualizada que lhes dotam com a capacidade de manejar valores, atitudes e comportamentos que intrinsecamente motivam a eles mesmos e aos outros, a fim de que tenham uma percepção mais aguda da existência pessoal e profissional.

O líder com a marca de líder empresarial internacional ou líder relacional/social sabe que o atendimento das pessoas é realmente o que importa e por isso pauta a sua vida por princípios estratégicos, sociais, humanos e espirituais, voltados sempre para o bem-estar das pessoas. Seu grande objetivo está além do trabalho e impacta a sociedade e a família, tendo como propósito alcançar a admiração e o respeito dos homens inteligentes do mundo empresarial e governamental, sem abrir mão das amizades com os simples e humildes.

O líder para atuar dentro da moderna gestão deverá ter profundo respeito com relação às pessoas, respeitando não apenas clientes, mas essencialmente todos os relacionamentos de sua cadeia de integralidade funcional e pessoal, respeitando as diversidades e os grupos, quer sejam funcionários, fornecedores, clientes, concorrentes, vizinhos, membros da comunidade, reconhecendo que toda pessoa é acima de tudo plena.

Esses modernos líderes com visão holística da importância dos relacionamentos empresariais e governamentais entendem que pessoas não são máquinas ou meros fatores de produção. Compreendem que, ao colocar-se como líder social/diplomata/internacionalista, transforma-se nesse ser maravilhoso que compreende o coração de um colaborador, de um colega de trabalho e dos empresários, políticos e governantes.

Esses líderes internacionalistas, verdadeiros diplomatas no trabalho, têm a responsabilidade de compartilhar seu coração com seus colaboradores, pois essa reciprocidade gera confiança, credibilidade e respeito, fazendo fluir o mover pleno ou integral e de integridade no ambiente de trabalho. Isso é administrar com a mente e com o coração. Isso é ser profissionalmente pleno e essencialmente humano no próprio trabalho, daí a marca como líder holístico, social e verdadeiramente diplomata empresarial.

Pela afirmação é possível deduzir que líderes holísticos e integradores se caracterizam por maior acessibilidade, abertura e compartilhamento de informações, o que permite democratização e alinhamento dos conhecimentos e maior segurança na tomada de decisões.

CONSTRUÇÃO DE UMA CARREIRA INTERNACIONAL

O preparo de um líder para ser gestor de nível internacional e que possa atuar em qualquer organização e em qualquer parte do planeta deve ser estruturado em um projeto bem definido desde a tenra idade, com planos, objetivos e metas a serem cumpridos de forma rigorosa em cada período da vida.

Esse projeto com estratégias, objetivos e metas se aplica a qualquer profissão e de qualquer área do conhecimento, ou seja, é aplicável àquele que se direciona para administração, economia, direito, biologia, medicina, psicologia, ciências da comunicação e da computação, *marketing* digital de conteúdos e de relacionamento, astrofísica, engenharia e outras profissões. Muitos exemplos existem de profissionais brasileiros que se construíram especialmente para essa carreira sem fronteiras, como no caso do jovem Juliano Marimoto, que conseguiu seu primeiro doutorado em Oxford aos 25 anos e 4 meses e hoje é pós-doutor na Austrália aos 28 anos, membro da Real Sociedade Científica de Biologia na Inglaterra e com trabalhos publicados na mais bem conceituada revista científica *Nature*.

Outros exemplos se seguem, tais como Alcino Eduardo Bonella com doutorado e dois pós-doutor em Oxford e hoje coordenador das áreas de doutorado em Filosofia na Universidade de Uberlândia e tantos outros que, além da carreira universitária, seguem na carreira empresarial no exterior.

Nesse momento deixa-se claro a responsabilidade dos pais em apoiar os jovens na construção desse planejamento para que sejam verdadeiramente profissionais de nível mundial, e neste trabalho será dedicado um capítulo especialmente como construir-se para ser esse profissional internacional, com modelo de planejamento pessoal e profissional voltado para a carreira internacional.

Esse é o objetivo deste trabalho, visando oferecer metodologia para a reconstrução de si mesmo, ou seja, a renovação progressiva até a formação da sua marca pessoal e profissional – *personal and professional brand* – e que o identifique como líder internacional e verdadeiro diplomata empresarial no trabalho, tomando-se por base esse novo modelo de gestão da integralidade convergente de relacionamentos de nível internacional.

BIBLIOGRAFIA

Abud F, Olivieri R. Internacionalização de carreiras, empresas e negócios: um passo para a globalização do homem – casos de sucesso. São Paulo, SP: Globus Editora; 2018.

Borba VR. Integralidade convergente. Rio de Janeiro, RJ: DOC Editora; 2014.

Borba VR. Espiritualidade na gestão empresarial: como ser feliz no trabalho. Rio de Janeiro, RJ: Qualitymark; 2011.

Borba VR, Zanovello AL, Marcondes CM, Lindemberg C, Zarour EJ, Borges MP, et al. Estratégia & ação: BSC no contexto das organizações de saúde. Rio de Janeiro, RJ: DOC Editora; 2014.

Borges DF. Os Es da gestão: execução, excelência, espiritualidade. São Paulo, SP: Editora Ser Mais Ltda.; 2013.

Borges DF. Como vencer a crise: superando desafios com liderança, estratégia e inteligência espiritual. Divinópolis, MG: Editora Artigo A Gulliver; 2016.

Chandler S, Richardson S. 100 Maneiras de motivar pessoas. Rio de Janeiro, RJ: GMT Editores; 2008.

Gomes D. O projeto de Deus. Vila Velha, ES: Gráfica Bethânia; 2008.

Guerra M. Liderar é preciso. Goiânia, GO: Editora Recriar; 2012.

Losier MJ. O propósito da sua vida: um guia prático para você se sentir realizado e feliz em tudo que fizer. Rio de Janeiro, RJ: Editora Casa da Palavra LeYa; 2017.

Martins CW. Do zero ao milhão. São Paulo, SP: Buzz Editora; 2017.

Rodovalho R. As leis fundamentais para o crescimento na vida. Brasília, DF: Sara Brasil Edições e Produções Ltda; 2013.

Rodovalho R. Superação. Brasília, DF: Sara Brasil Edições e Produções Ltda.; 2017.

Rodovalho R. A energia da vida: lições das prosperidades da física quântica sobre a liderança, o amor, o sucesso e a vida. 2ª ed. Brasília, DF: Sara Brasil Edições e Produções Ltda.; 2013.

Rodovalho R, Schroeder G. O universo. A teoria auântica e a espiritualidade. Brasília, DF: Sara Brasil Edições e Produções Ltda.; 2016.

Santos R. Os 8 segredos do sucesso financeiro. São Paulo, SP: Biografia; 2017.

Silvoso ED. Ungidos para os negócios: como utilizar a sua influência no mercado para mudar o mundo. Rio de Janeiro, RJ: Graça Editorial; 2016.

Sita M. Capital intelectual, a fórmula do sucesso. São Paulo, SP: Editora Ser Mais; 2013.

Parte 2

Branding: A Marca do Líder Mundial

CAPÍTULO

4 Novo Líder e Gestão de Marcas Pessoais e Profissionais – Padrão Mundial

Bruno Garcia

PAPEL DAS MARCAS

Hoje muito se fala sobre gestão de marcas, *branding*, patrimônio da marca etc. Mas, embora esse seja um tema "da moda", pouco se vê de efetivo nessas estratégias e modelos gerenciais, talvez porque boa parte de gestores e homens de negócios entendam que construir uma marca significa apenas investir o máximo possível em publicidade ou em comunicação, de maneira geral.

Contudo, quem se aprofunda no assunto e sai da superficialidade dos modismos logo percebe que a marca é um ativo dos mais importantes dentro de uma empresa. Mais ainda: se as marcas hoje são importantes para um negócio, o serão em escala maior no futuro.

Dentro deste contexto, cabe uma indagação: qual o papel da marca nas organizações modernas? Como ela influencia seu posicionamento? Como este posicionamento deve ser comunicado? Indo a fundo na organização, chegamos aos seus líderes e seu corpo de colaboradores internos, também com indagações semelhantes: como os líderes desta nova geração, com uma visão holística e com valores que ficam acima do pragmatismo e materialismo tradicio-

57

nal, devem trabalhar suas marcas pessoais? Será que o líder, no sentido amplo do termo, também precisa desenvolver ações para fortalecer sua marca? O quanto sua marca e a marca corporativa acabam estando vinculadas? Estes e outros questionamentos serão respondidos neste capítulo, mas, antes de prosseguir, é vital compreendermos o papel e a importância das marcas para as empresas hoje, que funcionam com os modelos de gestão tradicionais.

Em praticamente todos os setores da economia, passamos por um momento de excessiva competitividade e pouca diferenciação entre os produtos e os serviços (o chamado efeito *commodity*). Isso acontece porque a maior parte das empresas oferecem produtos e serviços que estão em um patamar de qualidade, tecnologia e excelência bem próximo. Esta é uma realidade muito diferente de algumas décadas atrás, quando ainda havia poucos competidores no mercado e as empresas existentes podiam se dar ao luxo de oferecer seus produtos sem muita preocupação com aquilo que o consumidor achava. Afinal, se ele quisesse aquele produto ou serviço, teria que comprar com a empresa X ou não teria outras opções.

Em contraste a este passado não tão distante, hoje o cenário é inverso: sobram opções. Há excesso de oferta na maior parte dos setores e o consumidor tem até dificuldade em escolher e tomar suas decisões de compra por conta desta abundância (ou uma crise de hiperprodução, conforme alguns pesquisadores do tema costumam classificar). Os executivos e gestores de *marketing* chegaram então a um aparente dilema: se os produtos X, Y e Z são absolutamente semelhantes em suas características e especificações e se a concorrência força os preços a permanecerem em determinado patamar ou a se encolherem, como conseguir diferenciação, não nas prateleiras, mas na mente dos consumidores?

Foi quando alguém lembrou de algo óbvio: empresas mais antigas, com melhor histórico e mais conhecidas por parte do público, acabavam ganhando a preferência das pessoas. Este histórico positivo fica gravado na memória do consumidor e funciona como uma espécie de garantia de qualidade e procedência. Ou seja, a reputação e o grau de recordação de uma empresa servem de balizador para que o consumidor tome sua decisão no ponto de venda. A empresa que não possui tal histórico, recordação ou reputação com certeza enfrentará maiores dificuldades para vencer a desconfiança do consumidor e precisará usar outros artifícios para convencê-lo do contrário (descontos, promoções especiais ou muito investimento em comunicação).

Ora, com esta informação podemos chegar a uma conclusão lógica: embora produtos e serviços estejam muito próximos em termos de qualidade e características, cada empresa é vista de uma maneira e possui certa imagem na mente dos consumidores. Logo, este se torna um diferencial, funcionando como garantia (não podemos esquecer que todo processo de compra envolve sempre algum grau de risco).

E onde entram as marcas nisso tudo? A marca nada mais é do que um elemento simbólico (podendo incluir gráficos ou textos) que serve de identificação para uma empresa, produto ou serviço. Ela funciona como uma "bandeira" fincada em cada produto, identificando-o perante os demais.

Imaginemos um rapaz recém-casado que vai à primeira vez ao supermercado. Sua esposa pede que ele traga 1 quilo de feijão e 1 pote de maionese. Nas prateleiras onde está o feijão, ele tem à sua disposição mais de dez marcas diferentes, além das variações de feijão. Ao chegar no setor da maionese, novamente o desespero: são diversas marcas. Muito provavelmente, este rapaz não tem experiência em mercado e não conhece qual feijão é o melhor e qual a maionese é a mais indicada. Se ele levar a marca errada, sua esposa vai reclamar. Contudo, nosso jovem comprador tem algumas linhas de raciocínio que podem ajudá-lo:

a) Ele pode escolher entre as marcas mais caras e assim buscar uma segmentação por preço, imaginando que as marcas mais caras possivelmente são as melhores.

b) Ele pode procurar por produtos de marcas que ele conheça ou já tenha ao menos ouvido falar (este jovem possivelmente assiste TV ou ao menos navega na *internet*, portanto deve conhecer alguma marca). Dessa vez, ele usará seu nível de lembrança para ajudar e escolher o produto. O raciocínio também é simples: se estas marcas são reconhecidas, possivelmente são de qualidade.

Independente da solução encontrada, o que o jovem procura (seja pelo preço, seja pela marca) é uma garantia de que estará adquirindo algo de vai entregar o valor prometido. Ele precisa reduzir a incerteza da compra, pois desconhece quase que por completo o produto que está adquirindo.

As marcas acabam funcionando como referenciais para que o consumidor tome sua decisão com segurança. Estes ícones do mundo moderno reúnem em si mesmo uma série de significados e associações que agregam ao consumidor alguma interpretação sobre aquilo que ele está comprando.

Quando bem trabalhadas por estratégias inteligentes de comunicação e *branding*, as marcas funcionam como facilitadoras para que o cliente tome a sua decisão. Falando em termos psicológicos, o excesso de opções é prejudicial, pois nos coloca em dilemas constantes e muitas vezes de difícil resolução. O trabalho para a construção do patrimônio de uma marca serve para que, diante de um dilema dessa natureza, o consumidor não tenha dúvidas e escolha pela marca em questão, porque confia nela, acredita na sua qualidade e excelência, e porque está em sintonia com a imagem, perfil, histórico e reputação que esta marca representa.

Ou seja, a marca é importante para um negócio, seja ele qual for, porque funciona como elemento que agrega valor, unindo em um único símbolo histórico, reputação, identidade e valores de uma organização. Mais que isso, a marca funciona como símbolo de *status*, diferenciação, segmentação social, perfil psicológico do consumidor e como elemento de relacionamento, criando vínculos afetivos e emotivos com seus clientes. Este é o sentido de uma verdadeira gestão de marcas ou *branding*: fazer com que a marca (símbolo que representa a empresa ou aquilo que está sendo ofertado) seja rica em termos de significados e associações positivas.

A marca reflete a identidade de uma corporação e seus valores. E dentro do modelo de gestão holística, elas representam um componente vital para que tais valores e a identidade renovada dessas empresas sejam percebidos pelo público.

MARCAS PARA EMPRESAS, MARCAS PARA PESSOAS

Agora que já entendemos um pouco mais sobre a importância das marcas bem trabalhadas e como elas se transformam em um verdadeiro patrimônio para empresas (algumas marcas, apenas elas, chegam a valer bilhões de dólares), vejamos como o conceito de *branding* se aplica tanto no meio empresarial quanto no campo pessoal.

Pessoas também precisam de marcas? Na verdade, não é que elas precisem: todos, querendo ou não, desenvolvemos uma marca própria, a partir das relações com os demais, com nossas atitudes, nossos valores e nosso histórico. Ou seja, querendo ou não, qualquer pessoa possui uma imagem e uma reputação que são percebidas. E, da mesma forma que nas empresas, essa imagem pode e deve ser trabalhada para que se converta em um ativo de valor para o indivíduo.

Empresas precisam de marcas que sejam desejadas e amadas, que sejam bem avaliadas pelos diversos *stakeholders* do negócio, que representem valores positivos e altruístas. Mais que isso, as empresas precisam de marcas que estabeleçam um diálogo com seus mais diversos públicos e que criem com eles um vínculo pautado em admiração e confiança.

De maneira análoga, as pessoas, seja no campo pessoal, seja no campo profissional, também precisam trabalhar para que sua identidade seja bem percebida por seus pares e por aqueles com os quais se estabelecem relações positivas.

Caso precisássemos representar o fluxo da imagem de uma pessoa ou organização entre os grupos com os quais estes se relacionam, a melhor imagem para isso seria uma teia, onde cada ponto pode representar um grupo (no caso das empresas), um indivíduo (no caso das pessoas) ou ambos. A cada novo ponto que é ativado por esse fluxo de informações que vão compor a imagem, reputação e a força da marca, o núcleo emissor (seja a pessoa, seja a empresa) passa a ter acesso a novas camadas e grupos. A médio e longo prazo, isso possibilita que uma determinada empresa, por exemplo, tenha boa imagem em diversos grupos e segmentos sociais.

Quanto mais este trabalho avança (e desde que a empresa continue operando com seriedade e investindo nestas ações), melhor a empresa estará posicionada na percepção pública, mais valorizada estará sua marca e maior será o diferencial entre elas e seus concorrentes.

Empresas que trabalham suas marcas a partir de valores fortes e criando laços afetivos com seus públicos tendem a conquistar maior lealdade de seus consumidores e dos admiradores (ou advogados da marca). Em muitos casos, a empresa possui um número até maior de admiradores que de clientes com potencial de compra.

Portanto, trabalhar a marca é algo mais amplo que tão somente trabalhar a comunicação de *marketing* (o famoso CIM, que está inserido no P de Promoção do *marketing mix* tradicional). Este é um processo que envolverá diversos aspectos, como atributos e valores de uma marca, seu posicionamento, seu perfil, seu relacionamento com diversos públicos (como vimos, até mesmo com públicos que não consumirão, apenas a desejarão) e os laços de afetividade e confiança desenvolvidos. Por isso, hoje o *branding* está inserido no planejamento estratégico das organizações, ao contrário das políticas de marca de empresas mais tradicionais, que ainda tratam o tema como um acessório cosmético a sua atuação empresarial.

Dito isto, fica claro que em um cenário onde produtos e serviços, em sua maioria, são *commoditizados,* o valor percebido pela marca e o quanto esta é desejada e respeitada fazem toda a diferença. Não estamos falando aqui de futuro, mas do presente. Empresas que se destacam hoje o fazem mais por aquilo que representam na mente dos consumidores, do que por aquilo que efetivamente apresentam.

Você consegue imaginar, por exemplo, os valores e as características agregadas que são transmitidos diretamente por alguém que utiliza um calçado da Nike? E para quem dirige uma BMW: será que conseguimos conceber uma pré-imagem desta pessoa apenas por ela estar consumindo determinada marca? A resposta é afirmativa. Isso significa que existem determinados valores e atributos que estão conectados às marcas. Quando um determinado grupo se identifica com tais elementos, seu desejo por consumir aquela marca aumenta ainda mais.

IMPORTÂNCIA DA MARCA NAS EMPRESAS CONTEMPORÂNEAS

Quando uma empresa se propõe a tornar-se um modelo de gestão holística, como define brilhantemente o professor Valdir Borba neste trabalho, parece-nos evidente que as estratégias de *branding* são absolutamente necessárias para que essa nova postura e os novos valores sejam comunicados e transmitidos corretamente à sociedade. Deve ficar claro também que *branding* e gestão de marca não se confundem com maquiagem ou com meras ações cosméticas.

Nos tempos atuais, não há mais espaço para esse tipo de postura, haja vista que as informações se propagam e disseminam de maneira tão rápida através da *internet* e outros veículos, que as ações cosméticas ou mesmo o chamado *green washing* logo são desmascarados. Isso significa que, caso a empresa comunique coisas sem fundamento ou sem embasamento real, correrá sério risco de ser descoberta, seja pelos grupos consumidores, seja pela concorrência, por organismos estatais ou privados de defesa dos direitos do cidadão e dos consumidores.

Dentro do planejamento estratégico dessa nova empresa, os valores, a missão e a visão deverão ser contemplados e condensados em sua marca, de maneira que essa consiga refletir tais elementos para qualquer público que venha a se relacionar com ela. Mais que isso, tais significações deverão estar refletidas nos processos internos, o que automaticamente os remeterá para os processos externos.

Se hoje tais valores estão muito ligados a *status*, estilo de vida, poder aquisitivo, entre outros aspectos, mais em sintonia com uma concepção materialista do mundo, para uma empresa com gestão holística o ideal é que sua marca e imagem reflitam os novos valores com os quais a corporação estará alinhada, sejam eles ligados à humanização da empresa e à visão integralizada.

Este deve ser o objetivo maior das marcas humanizadas. Para isso, torna-se imprescindível todo um trabalho de remodelagem da gestão interna, de transformação da cultura corporativa e de adequação do seu planejamento estratégico aos novos tempos no que tange às suas políticas de *branding*. Do contrário, a empresa continuará operando como marca meramente mercadológica, que gera lembrança, mas não cria advogados (*brand advocates)* e consumidores leais.

Essas novas marcas, além de estarem bem mais próximas e desenvolverem um relacionamento íntimo com seus públicos – como já indicam os maiores especialistas em *branding* do mundo –, devem refletir também a nova filosofia sob a qual operam, onde se valorizam as relações humanas, o bem-estar público, a ética, o desenvolvimento sustentável, a busca por constante evolução e aprendizado (*learning organization*) e a busca pela realização de todos os envolvidos na cadeia produtiva.

Este capítulo, contudo, não pretende aprofundar-se na gestão de marca para as empresas, tema que ficará para ser elaborado em ocasiões e trabalhos futuros. Nosso objetivo aqui é falar sobre a construção e gestão de marca para os líderes do futuro. Por isso mesmo, encerramos a abordagem sobre *branding* empresarial para detalharmos melhor a importância e a estratégia do *branding* pessoal e seu impacto para o novo líder integralizado.

IMPORTÂNCIA DA MARCA NOS LÍDERES DO FUTURO

Desde as primeiras páginas deste trabalho temos citado o líder que esperamos para comandar as empresas de gestão integralizada. Esse novo líder é peça fundamental para que o novo modelo de gestão, o qual é apontado, possa de fato emergir dentro das empresas. Embora muitas já busquem esse perfil de pessoa para ocupar suas posições-chave, sabemos que elas ainda são uma pequena minoria. Na maior parte dos casos, prevalecem modelos de gestão tradicionais e gestores com perfil de liderança igualmente arcaico.

Uma empresa é feita de pessoas, como se estas fossem as células da organização. As individualidades e as crenças pessoais somadas e reajustadas entre a cultura organizacional vão refletir-se diretamente na maneira como esta empresa opera em suas diversas frentes, da mesma forma que esta soma também gera uma imagem, que é percebida pelo público. A imagem e a força da marca de um grupo não se dissociam das pessoas que compõem tal grupo. São as pessoas que conduzem processos, relacionamentos e projetos. Na outra ponta (ou seja, nos *outputs* deste grupo), a maneira como processos, relacionamentos e projetos são conduzidos (pelas pessoas) impacta diretamente na percepção que outros indivíduos constroem do grupo. Não importando o tamanho da coletividade em questão, o somatório das individualidades gera o todo e influencia a percepção pública.

Este é o grande dilema, por exemplo, das empresas que se utilizam de campanhas cosméticas na tentativa de melhorar sua imagem. Elas podem enganar alguns grupos por algum tempo, mas não conseguirão enganar a todos durante todo o tempo. A começar pelos *stakeholders* que se relacionam diretamente com a organização. Estes são os primeiros a perceber quando o discurso presente nas ações de comunicação não se confirma na prática. E como vivemos em um momento de cooperação e compartilhamento total de informações, não leva muito tempo até que a percepção do *gap* na estratégia empresarial deixe os *stakeholders* para impactar outros grupos.

No final, cria-se uma percepção pública e de marca que é exatamente o oposto daquilo que a empresa tenta vender e até mesmo das políticas de gestão que ela tenta implantar internamente. Existem muitos casos de empresas que, embora busquem excelência e qualidade em seus processos internos, ainda sofrem com a imagem e reputação geradas no passado, em algum momento de crise ou quando a empresa ainda não estava tão bem preparada quanto hoje.

Portanto, tão importante quanto as estratégias e o planejamento de comunicação e marca é o investimento em pessoas. Elas, em cada pequeno gesto ou atitude, confirmam ou contrariam tudo aquilo que a empresa comunica.

Urge-se por profissionais que compartilhem com ela desta mesma crença e dos mesmos valores. A já citada lista das melhores empresas para se trabalhar reforça esta afirmação. Em todas elas, existem políticas estratégicas de recursos humanos que vão do momento da seleção de um novo profissional até a estruturação de plano de carreira e benefícios.

Se queremos empresas com uma visão holística, precisamos de pessoal com igual visão. E é neste ponto que entram os líderes. Eles não apenas possuem uma visão convergente em relação ao *modus operandi* da empresa e suas crenças, como também é um hábil influenciador e motivador. Cada liderança dentro da nova empresa funciona como ponto-chave para a propagação desta nova cultura organizacional, ou seja, da empresa integralizada e humanizada.

Este novo profissional, tais quais organizações ou grupos de qualquer natureza, precisa gerenciar sua própria marca e sua imagem. Da mesma forma que uma empresa, se esta marca pessoal falhar em transmitir credibilidade e confiança para os seus públicos, o líder terá sua influência e seu poder de gerenciamento de pessoas seriamente comprometido. Veremos a partir de agora os principais caminhos para a construção de uma marca pessoal forte.

ESTRATÉGIA PARA A CONSTRUÇÃO DA MARCA PESSOAL

Da mesma forma que empresas, o profissional com visão holística dos processos no ambiente de trabalho também precisa construir sua marca. A marca pessoal, quando bem trabalhada, gera os mesmos benefícios que a marca corporativa forte: diferencial competitivo fortalece os laços de credibilidade e confiança, gera lealdade e reforça atributos e valores de um determinado indivíduo.

Obviamente, não será necessário criar um projeto de identidade visual e um logotipo para as estratégias de marca pessoal. É importante, porém, que o profissional saiba construir-se de maneira a gerar uma percepção homogênea entre todos os públicos com os quais ele se relaciona. Pois são os processos e não a comunicação a maior força motriz para um bom projeto de *branding*.

Acreditar que uma marca forte é fruto apenas de boas ações de comunicação é cometer o mesmo erro que muitas empresas, quando se baseiam apenas no discurso para construir diferencial. Porém, o diferencial se consolida a partir de bons processos, ações bem executadas e uma cultura institucional sólida. Da mesma forma, uma marca pessoal se baseia muito mais em atitudes do que na autopromoção.

O fundamental é perceber que a marca pessoal se constrói a partir de:

- Competência técnica.
- Habilidades relacionais.
- Habilidades comportamentais.
- Estratégias de *branding*.

Estes itens não funcionam separadamente. Se um profissional é competente, mas não possui habilidades relacionais ou comportamentais, isso cedo ou tarde será um fator complicador em sua carreira. Da mesma forma, se é brilhante na construção de sua marca, mas não tem a qualificação que diz ter, é questão de tempo até que sua estratégia vá por água abaixo.

O que torna o profissional único e transforma seu nome em uma marca de sucesso é a junção equilibrada destes quatro elementos. Não pode haver desarmonia entre eles.

E se nas empresas o conjunto das individualidades gera uma percepção geral, no profissional, o conjunto de suas ações, atitudes e comportamentos também resulta em sua reputação e marca pessoal.

GESTÃO DA MARCA PESSOAL

Gerenciar uma marca significa administrar todos os aspectos que podem, direta ou indiretamente, influenciar sua percepção e os elementos que a compõem. No caso de um profissional, podemos separar a gestão de sua marca própria nos seguintes grupos:

- Relacionamento com públicos de interesse.
- Competência e grau de aprimoramento profissional.
- Adequação comportamental e visual.
- Segmentação de competências.
- Divulgação das suas competências.
- *Networking* qualificado.
- Ações de reforço de credibilidade e confiança.
- Estratégia para comunicar diferencial e para a criação de valor.

Todos estes grupos precisam estar alinhados com os objetivos e com os valores que serão estruturados no planejamento pessoal. Assim, garantimos uma percepção homogênea para o profissional em todos os seus campos de atuação, bem como um processo gradativo de diferenciação, que culmina com a construção de uma marca pessoal única e de sucesso. Veremos em mais detalhes cada uma destas áreas que devem ser gerenciadas.

Relacionamento com públicos de interesse

Um profissional constrói sua marca a partir do relacionamento que desenvolve com os mais diversos grupos e públicos de interesse.

Esse relacionamento deve ser trabalhado sempre visando ao fortalecimento de sua marca. Mais ainda, o profissional do futuro deve mapear regularmente os grupos e públicos de seu interesse, como se fossem seus *stakeholders*, ou grupos de sustentação. Nem sempre será possível criar vínculos e trabalhar relacionamentos com todos eles. Mas é fundamental que o profissional tenha estes grupos mapeados e identificados, sabendo aproveitar as oportunidades que surgem para trabalhar o relacionamento com eles sempre que possível.

Todo profissional ou pessoa pública (mesmo que não saiba disso) possui tais públicos que funcionam como sustentáculo para sua imagem e reputação. Sem eles atuando para reverberar as ações de comunicação e marca, fica praticamente impossível construir uma marca pessoal de sucesso.

Quanto maior o número de grupos que estão ao seu lado e compartilham das mesmas crenças e valores que você, mais forte será sua marca e mais blindada contra arranhões estará sua reputação diante do público.

Competência e grau de aprimoramento profissional

Um profissional de sucesso precisa de competência técnica ao nível máximo e isso normalmente só se consegue a partir de constante aprimoramento. Em qualquer área, o profissional que não se atualiza e não busca aperfeiçoar-se tende a enfrentar problemas de obsolescência. Qualquer pessoa que deseja se tornar um profissional de sucesso precisa levar este item muito a sério, tendo a excelência como meta.

Adequação comportamental e visual

Ligada ao campo relacional, a adequação comportamental e visual é um elemento importante. Não se trata aqui de vender uma aparência, mas sim de transmitir uma imagem que esteja adequada e em sintonia com a reputação que o profissional pretende construir. De que adiantam ações para reforçar sua credibilidade se o profissional possui comportamentos que contradizem sua marca pessoal. Ou, ainda, como pode um profissional criar vínculos de confiança se sua aparência remete ao desleixo ou a qualquer outro elemento que no senso comum não esteja ligado à ideia de sucesso?

Segmentação de competências

Ninguém pode ser bom em tudo. O profissional que tenta construir sua marca afirmando possuir excelência em muitos aspectos acaba não se destacando em campo nenhum. Esta é uma estratégia que vale tanto para pessoas quanto para organizações. Muitas empresas gigantescas tombaram justamente pelo erro da falta de foco. Ao tentarem abraçar diversas oportunidades diferentes, acabaram tendo um desempenho mediano ou baixo em todas elas.

No campo da atuação profissional, é preciso um plano de segmentação das competências. Isso quer dizer que o profissional terá como foco "ser reconhecido como *expert* na área X". Isso também estará no seu planejamento pessoal como objetivo.

Esta segmentação ajuda o indivíduo a desenvolver sua proposta única de valor, da mesma forma que acontece nas empresas. Ter em mente seu foco também ajuda a tomada de decisão: quando o profissional sabe exatamente onde quer chegar e que tipo de reputação deseja construir, fica bem mais fácil decidir que caminho seguir, em quais áreas se esmerar, o que estudar, em que formação investir etc.

Divulgação das suas competências

Agora que o profissional já decidiu em que áreas pretende desenvolver habilidades de excelência, é preciso que ele inicie um trabalho de divulgação. A começar pelos seus amigos, familiares e contatos mais próximos, o profissional deve iniciar um processo onde estará sempre se mostrando e se posicionando como alguém que conhece determinado assunto. Mais que isso, é preciso abastecer com conteúdo relevante sobre seu conhecimento, suas realizações e projetos os principais canais onde exista diálogo ou comunicação com seus públicos de interesse. Por exemplo: hoje é muito comum que profissionais criem contas e perfis nas redes sociais para divulgar seus trabalhos, artigos e projetos. Muitos até elaboram uma *homepage* pessoal ou *blogs*, o que também funciona como excelente canal.

Networking qualificado

Desenvolver *network* não significa colecionar contatos ou cartões de visita. O *networking* só tem utilidade quando é qualificado. Ou seja, é preciso cultivar contatos e relacionamentos com pessoas e profissionais importantes e influentes dentro da sua área de atuação. Importante salientar que *networking* é uma atividade estratégica tanto para profissionais quanto para empresas dos mais variados setores. O profissional que está construindo sua marca de sucesso precisa avaliar e conhecer bem seu mercado, saber quem são as pessoas e empresas-chave, quem são os mais influentes etc.

Quem pensa que está construindo *network* simplesmente porque sabe o nome das pessoas ou porque distribui apertos de mão nos eventos corporativos está cometendo um grande equívoco. Este tipo de relacionamento, sem credibilidade e aprofundamento, não gera resultados para o profissional.

Ações de reforço de credibilidade e confiança

Além de trabalhar para comunicar suas competências, sua proposta única de valor e sua *expertise* para os diversos públicos com os quais se relaciona, o profissional que pretende construir uma marca de sucesso deve trabalhar para reforçar e realçar valores e atributos aos quais ele deseja relacionar a sua marca pessoal. Estas são as ações de reforço de credibilidade e confiança. Existem caminhos simples que podem servir a este propósito:

- Ampliar o relacionamento com a comunidade próxima da atuação do profissional.
- Desenvolver ações de responsabilidade social.
- Posicionar-se publicamente em questões que estejam relacionadas ao seu campo de atuação.
- Desenvolver artigos e pesquisas no seu campo de atuação.
- Participar de eventos sobre temas que estejam relacionados a sua carreira.

Estratégia para comunicar diferencial e para a criação de valor

Ações para a construção de uma marca nãos são desenvolvidas de maneira leviana. O profissional deve desenvolver uma estratégia de *branding* que esteja coerente com seus objetivos e com o planejamento estratégico pessoal. O ideal é que, para cada objetivo no planejamento, o profissional desenvolva uma ação correspondente em termos de comunicação e *branding*.

Um planejamento de marca exige que o profissional reflita sobre o que ele está comunicando e como isso impacta a percepção e as relações com outros grupos. Quando o profissional não faz esta reflexão, corre o risco de desenvolver ações que soem incoerentes ou até mesmo antagônicas, o que aumenta os riscos de enfraquecimento da marca. Portanto, antes de sair criando ações de comunicação e marcas mirabolantes, é preciso parar e questionar se aquilo que foi proposto efetivamente faz sentido e agrega valor à imagem do profissional.

CONSIDERAÇÕES FINAIS

Construir uma marca pessoal ou profissional segue os mesmos princípios da gestão de marcas corporativas. O profissional do futuro deve estar atento a isso. Um profissional pode ser extremamente competente em diversas frentes, mas, se não souber comunicar e transmitir isso aos demais, pode nunca conseguir diferenciar-se.

Indo além, a importância da gestão de marcas pessoais para os futuros líderes está diretamente relacionada ao seu poder de influência e realização. Líderes com marcas fortes perceberão o reflexo e os benefícios, em especial quando tratamos de um novo modelo de gestão, mais humano e holístico. Nem é preciso dizer que, dentro desse novo paradigma das organizações do futuro, somente os profissionais que obtiverem respeito, credibilidade e respaldo dos seus *stakeholders* conseguirão avançar na carreira e ocupar funções-chaves dentro das empresas.

BIBLIOGRAFIA

Aaker D, Joachimsthaler E. Como construir marcas líderes. São Paulo: Futura; 2002.

Calder JB, Tybout AM. Marketing. São Paulo: Saraiva; 2013.

Gregório R. Marketing médico – criando valor para o paciente. Rio de Janeiro: Editora DOC; 2009.

Kotler P, Keller K. Administração de marketing. São Paulo: Pearson; 2006.

Reiman J. Propósito. São Paulo: HSM Editora; 2013.

Scarpi MJ. Administração em saúde. Rio de Janeiro: Editora DOC; 2009.

Troiano J. As marcas no divã: uma análise de consumidores e criação de valor. São Paulo: Globo; 2009.

CAPÍTULO

5 Construção do Novo Líder: Diplomata Empresarial

Raissa Venezia Borba

INTRODUÇÃO

O mundo está cada vez mais mutante e as mudanças cada vez mais rápidas, com a urgência na velocidade da luz. Alguns novos modelos de gestão estão tomando lugar nessa nova realidade e não poderia ser diferente no tocante a liderança e novo modelo de líder, com estilo e marca próprios para esse novo momento de gestão e de governança no mundo. Por isso ganha muito em importância o profissional e líder preparados para esse novo mundo globalizado.

Certamente, um dos propósitos da modernidade nos relacionamentos empresariais e governamentais transnacionais de comércio exterior é criar e desenvolver profissionais de excelência que entendam e sejam preparados para negociações políticas em defesa de governos, organizações e de empresas e que também tenham objetivos profissionais e pessoais do tamanho de seus sonhos, e dele se espera que atue com entusiasmo e com visão global, não apenas local ou regional, mas também mundial.

Espera-se desses novos gestores empresariais uma marca pessoal e profissional de eficiência e que possa efetivamente marcar os relacionamentos e que não sejam apenas processadores inteligentes de informações, daí a importância do novo profissional no mundo corporativo como gestores holísticos, antenados com tudo que ocorre nacional e internacionalmente e que tenha motivação e entusiasmo para levar avante os relacionamentos da sua organização, instituições e governos em todos os níveis de relacionamento, inclusive os internacionais. Por essa necessidade crescente das organizações surgem "os internacionalistas" profissionais de relações internacionais com especialização em comércio exterior e com vastos conhecimentos de direito internacional, segurança, sustentabilidade e essencialmente economia política internacional, governança e administração.

O NOVO AMBIENTE EXTERNO E O INTERNO: BASE PARA O NOVO LÍDER

No mundo corporativo o fenômeno da globalização assume proporções nunca experimentadas. A mundialização ou globalização da economia, da tecnologia e da comunicação é *inconteste,* gerando um modelo de tecnologia através da informática e da política que afetam nossas vidas como um todo, com altíssimos riscos para todo o planeta. Daí a preocupação de consciência nos processos de gestão e de *compliance* nas relações de organizações, especialmente de nível internacional.

Na sociedade de organizações, desde as locais até as grandes multinacionais, todas são afetadas pelas mudanças nas políticas e nos relacionamentos, assim qualquer mudança em qualquer parte do mundo, de certa forma, direta ou indiretamente, influencia na produção e na distribuição de produtos e serviços e isso interessa diretamente no câmbio e na gestão de empresas.

Por isso, e com outro paradigma de liderança no mundo das organizações, estamos vivendo um período de valorização do líder e de profissionais abertos aos relacionamentos e preparados para essas mudanças e que promovam internamente um novo comportamento das relações com desenvolvimento de redes de trabalho e ao mesmo tempo uma conscientização de processos de integração, com foco nos objetivos das empresas e antenados a tudo que ocorre no mundo. Estamos em pleno período dessa nova onda do conhecimento e da informação, revolução 4.0, gerando as organizações que aprendem e que encantam.

Dentro desse modelo de sociedade de empresas que aprendem e encantam, encontram-se as melhores empresas para se trabalhar, ou seja, as organizações de alta sustentabilidade física, financeira e que tenham as características de empresas renovadas e que aplicam a metáfora: mente (processos de tecnologia, gestão e resultados), coração (emoções) e espiritualidade (respeito à pessoa e ao ambiente), é uma organização com inteligência multidisciplinar (inteligência, conhecimentos, tecnologia e emoções).

Nas organizações que aprendem, ou seja, nas organizações de gestão de padrão de acreditação internacional, os verdadeiros líderes são responsáveis por melhorar a qualidade do pensamento reinante nessa, melhorando inicialmente a qualidade do pensamento individual através da excelência interior, e progressivamente a melhoria da qualidade do pensamento coletivo, e por consequência a melhoria da qualidade do pensamento reinante na organização, mudando para melhor os relacionamentos interno e externo e a qualidade de seus produtos e serviços.

Os líderes e gestores atuando nesse processo de melhoria do pensamento e das ações na organização e em especial que se dedicam ao relacionamento pessoal e empresarial tornam-se formuladores de teorias, com a criação de novos quadros de referência, que poderão ser experimentados e testados na prática, em constante aprendizado.

As profundas e aceleradas mudanças pelas quais o mundo vem passando afetam as empresas e as organizações e muitos paradigmas são mudados e outros precisam urgentemente ser reformados. A informação se transformou no centro de mundo.

A velocidade e as mudanças aceleradas são a tônica do momento, e essa sensação é a realidade de um mundo de indefinição, ou melhor, de transição pelo qual a economia é indefinida, as profissões são transitórias e as organizações estão em constante processo de mutação. É nesse mundo marcado pelas transições que as organizações têm que atuar. Nesse contexto é preciso repensar com profundidade. O desafio é guiar as empresas e as organizações por um mundo de cenários turbulentos cada vez mais dependentes das novas tecnologias e de novos modelos de gestão e por condução de novos líderes.

Dentro deste contexto, é notória a necessidade da adoção de novas posturas, principalmente na busca do desenvolvimento sustentável. Na nova onda de desenvolvimento que se inicia, um novo mundo corporativo prenuncia-se por meio de evidentes sinais da valorização das relações, onde a confiança e a fidelidade são muito valorizadas.

MARCA DO LÍDER

Dentro desse novo modelo de organização e de relacionamento surge esse novo líder que tem seu estilo como uma marca. A marca do líder holístico de padrão internacional, que se prepara para os mais altos requerimentos da profissão de gestor que deve atender essas necessidades de ponta, de alta tecnologia e de elevadíssimo grau de relacionamento, e ao mesmo tempo se preparar também para os ambientes interno e local, cuidando com muito zelo de seus liderados e com sustentabilidade dos ambientes, mantendo equilibrado todos os setores de sua vida e de sua organização. Essa é a sua marca. Ser um líder altamente preparado, relacionado, eficaz e feliz para atender as demandas dos ambientes da organização: interno e externo. Surge assim a marca do líder holístico, permeado por conhecimentos e práticas de gestão e de internacionalismo. Surge o *diplomata empresarial.*

A matéria-prima dos negócios, cada vez mais, serão as pessoas com talentos, com boas ideias e capacidade de realização. Nessa nova abordagem, no mundo corporativo, o que realmente vale é o talento e as ideias, ou seja, pessoas que realmente façam a diferença, que façam as coisas acontecerem. Pessoas que sentem prazer em assumir riscos com ousadia e inovação. Gente que sente possuir um papel importante na história e que realmente faz parte dela.

SUA VERDADEIRA MARCA – CARACTERÍSTICAS BÁSICAS DESSE NOVO LÍDER

Essencialmente éticos e integradores.

A excelência do caráter deve preceder a excelência do profissional. A qualidade é pessoal e a excelência do trabalho é fruto da qualidade do homem nas suas relações sociais e de trabalho.

"Somente teremos excelentes empresas se tivermos excelentes ambientes com excelentes homens, relacionando-se em processo de interação de excelência".

Esse líder deverá ter valores e princípios de ética e de integridade fortalecidos nos relacionamentos pelo seu comportamento íntegro que moldam as equipes, agindo com ética e respeito, abrindo mão das vaidades, da prepotência, das verdades prontas e das incorreções e disfunções político-sociais.

Com a atuação desse novo e moderno líder, a responsabilidade dos governos e das empresas e organizações evolui, passando do requerimento social para o requerimento essencial. O importante não é parecer correto, mas ser efetivamente correto e íntegro, em especial com pessoas, natureza, meio ambiente e comunidade, atuando com paradigma de modelo de governança corporativa, que se preocupa também com o social.

Esse líder socialmente responsável ajuda a construir uma organização empresarial altamente relacionada com seus clientes, sendo a resposta essencial para o desenvolvimento da sociedade.

APRENDER SEMPRE – PRAZER EM APRENDER CONSTANTEMENTE E EM TODAS AS SITUAÇÕES

Aprender com rapidez a aprender e serem indivíduos com formação técnica atualizadíssima, os quais, principalmente, deverão ter excelente sensibilidade para o trato (relacionamento) com as pessoas e as equipes.

Nesse aprender é muito importante, além das matérias e assuntos profissionais, saber sobre direito internacional, logística, negociações, economia, economia internacional, computação, gestão, comércio exterior, *marketing*, ciências políticas, segurança, sustentabilidade e outras. Deverá também dominar o idioma próprio e demais idiomas, essencialmente o inglês e o espanhol e como diferencial os idiomas francês, mandarim, japonês, alemão, italiano e outros.

HABILIDADES: TALENTOS A SEREM DESENVOLVIDOS

O líder deverá desenvolver talentos e habilidades de trabalhar, entender e motivar pessoas, além de habilidade nos relacionamentos, habilidades com informática e de sistema, uso de equipamentos de gestão de projetos.

Essas habilidades poderão ser desenvolvidas a partir de cursos e estágios em organizações e empresas em geral.

PERSUASÃO E RESILIÊNCIA

Esse novo líder deverá ser preparado para o desafio das negociações e para isso é importante desenvolver o equilíbrio para enfrentar pressões, oposições, e também treinar e desenvolver o poder de argumentação, provando-se constantemente na prática de negociações, de forma a defender o processo ganha-ganha, onde todas as partes têm o direito de propor e contrapropor, argumentar e contra-argumentar em um processo salutar de negociações.

PROATIVIDADE

Outra grande característica desse novo líder é a proatividade, o espírito de resolução, o sentido de urgência, rapidez, prontidão e maturidade para mudanças, inclusive geográficas de um continente para o outro.

DIPLOMATA EMPRESARIAL: REPRESENTATIVIDADE

Esse profissional precisa estar disposto e disponível sempre para viagens regionais e internacionais, para resolução de desafios e de negociações em todos os níveis e em qualquer lugar, sempre em defesa da sua organização ou do seu país.

Esse novo líder é verdadeiramente um diplomata empresarial a serviço da organização ou governo que defende.

PREPARO INICIAL

FORMAÇÃO ACADÊMICA: A FORÇA DO JOVEM

O jovem ao chegar no ensino médio tem uma gama de opções e também de dúvidas em relação ao seu futuro profissional. Que profissão escolher? Como se preparar? Neste momento não somente o jovem estudante, mas toda a família se acha envolvida nesse processo de escolha do que seguir.

Dúvidas? Incertezas, ansiedade, insegurança e muitas opiniões. Um teste vocacional ajuda? Sim, mas na maioria das vezes isso não é possível, quer por falta de recursos, quer por definições próprias ou até de terceiros que exercem forte influência. O que fazer?

Siga os seus sonhos. Observe-se, veja as suas habilidades e talentos. Veja aquilo que te entusiasma. Leia bons livros repletos de exemplos e de caso, porém, o mais seguro é participar de seminários sobre profissões e estudar minuciosamente o que cada uma tem em essência e cotejar e compatibilizar com sua visão e com seus objetivos.

Nesse momento, as informações são importantíssimas e as escolas de ensino médio (públicas ou privadas) têm a responsabilidade de inserir seminários de profissões, palestras com profissionais, feiras de ciências, feiras de profissões, promover excursões e visitas às indústrias e parques industriais e até promover intercâmbios com outras escolas.

Esse momento é importante para o jovem em relação ao seu futuro profissional, mas o preparo deve começar antes, bem antes, ou seja, já no ensino fundamental, com o fortalecimento das matérias de disciplinas básicas. Essas merecem atenção especial, pois serão de grande valia no futuro profissional das crianças que serão um dia os profissionais do país. O Brasil tem muito a aprender com a educação de base dos países do norte da Europa.

Sem dúvida, desde o nível fundamental é importantíssimo o ensino de disciplinas básicas e no segundo grau é essencial que seja um ensino de qualidade em física, biologia, química, matemática, línguas e outras.

A responsabilidade não é apenas dos educadores e do Estado, mas essencialmente dos pais que deverão preparar seus filhos desde a primeira infância e se for possível disponibilizar e acompanhar aulas suplementares (além da escola) de disciplinas básicas e de idiomas, pois assim estarão preparando seus filhos para qualquer área profissional.

É muito importante que os alunos com sonhos e propósitos para formação internacional que o currículo pessoal do ensino médio tenha um histórico de honra, pois as grandes universidades de renome mundial somente aceitam intercâmbio e ingressos em pós-graduação, alunos egressos de instituições de ensino com histórico acima da média geral de 8,5 (oito e meio), portanto, a construção educacional dos pretendentes a escolas de ponta do primeiro mundo deve iniciar no ensino fundamental e suplementado pelo esforço extracurricular.

A força do jovem, seu entusiasmo e seus esforços são importantíssimos, pois cada vez mais o ingresso para graduação está mais disputado. Esse entusiasmo, a confiança e a fé são instrumentos que movem e dão sustentação para se desenvolver um bom plano estratégico para a construção da profissão, mas somente isso não basta, o essencial é se preparar não apenas para o ingresso na universidade, mas para toda vida.

FORMAÇÃO PROFISSIONAL:
O LÍDER – DIPLOMATA EMPRESARIAL

Escolhida a profissão então é o momento da construção com foco nas disciplinas que compõem a área de conhecimento humano escolhida. Assim, decide-se pelas ciências humana e sociais, especialmente para o campo da gestão, e para a liderança de alto desempenho.

A escolha pelo campo da gestão empresarial ou governamental obriga ao aprendizado de ciências econômicas, administrativa, contábeis, comércio exterior, relações internacionais, direito internacional, logística, informática, engenharia de processos e especialmente idiomas.

As relações internacionais é uma nova área do conhecimento que prepara o profissional para atividades de relações entre as nações e/ou nas atividades de relações empresariais com o viés internacional, por isso, com representação em organizações governamentais, organizações não governamentais, organizações sociais, instituto e organismos internacionais, e empresas em geral, de serviços ou de produtos, que mantenham comércio ou relacionamentos internacionais.

Esses profissionais são geralmente o elo avançado das negociações políticas, estratégicas, de representações e de negociações e comércio em geral.

Esse profissional como líder está sendo absorvido também por empresas e indústrias de atuação nacional, tais como bancos, empresas de logística, indústria farmacêutica, de equipamentos médicos e hospitalares, de serviços de informática e de sistemas, hospitais e outros.

Geralmente esse profissional para atuar em empresas de nível internacional deverá preparar-se e especializar-se de forma integrada com outras áreas do conhecimento.

Para esse preparo recomenda-se ao candidato a líder de relações internacionais ou líder de gestão com a marca de diplomata empresarial que desde o curso de graduação faça intercâmbio e estágios no Brasil e no exterior, além de se preparar em curso de informática.

A construção do profissional de gestão ou de relacionamentos com esse perfil e marca de diplomata empresarial inclui necessariamente a participação em congressos e eventos internacionais que sejam realizados no país ou no exterior. Primordialmente, o estágio deverá ser em empresas e áreas que tenham esse tipo de atividade (importadora e exportadora, bancos e outros).

Terminada a graduação é importante que esse profissional volte ao exterior para cursos de pós-graduação, mestrado e doutorado em áreas específicas de direito empresarial internacional, gestão e liderança, gestão estratégica, comércio exterior e outras afins.

Se a escolha for para o trabalho na gestão de organizações sociais e não governamentais do terceiro setor, então esse treinamento e essa pós-graduação deverão incluir também a área de ciências e relações políticas e estratégias, bem como idiomas e cultura dos países onde a organização atua.

De qualquer forma, ou em qualquer tipo de empresa, esse novo profissional deve ter forte formação para liderança abrangente de integração e de integridade e um comportamento de negociações, com estilo aberto para relacionamentos francos e proativos entre profissionais, organizações e nações. Por isso, esse novo líder tem a marca do diplomata empresarial, pois exerce a liderança de forma participativa e para o equilíbrio e o respeito profissional e defesa da ordem e da soberania nas relações.

Esse líder deve ser cuidadosamente preparado do ponto de vista acadêmico e profissional, para que seja verdadeiramente um líder transformador em qualquer situação, quer seja nas negociações políticas envolvendo nações, quer nas organizações, empresas e pessoas. Por isso, esse profissional deve ter intrinsecamente em si a estrutura conceitual e a prática do bem, com ética, comportamento moral, cultura fundamentada, senso de direito, de soberania e de respeito. Sua marca é de liderança diplomática ou de representação da organização.

Desse modo, além do preparo técnico e profissional, esse líder deverá ser preparado nas questões humanitárias, de humanização, de qualidade e excelência nos serviços, produtos e relacionamentos. Para essa formação ou renovação de liderança, neste trabalho, a seguir, são apresentadas as ferramentas essenciais de formação e de transformação, sendo as principais o PEP – planejamento estratégico pessoal e o BSC Self – modelos recentemente preconizados por estudiosos do desenvolvimento empresarial e dos estilos de liderança integral que envolvem a liderança que absorve os diversos tipos de inteligência presentes na atividade de profissionais, com liderança nas empresas (racional, emocional, social, relacional e espiritual).

Com essas duas ferramentas aplicadas de forma constante e integral (inteireza) e na consolidação de um líder holístico e de integralidade, iniciando quanto mais cedo melhor, mas que pode ser aplicado em qualquer momento na construção e transformação de si mesmo, para que se possa desenvolver em si esse novo líder com a marca de diplomata empresarial, que a cada dia será mais necessário nas organizações e corporações nacionais e transnacionais.

CONSIDERAÇÕES

Esse novo líder para organizações e instituições, com esses atributos e capacitação, constitui-se no novo estilo de liderança plena, integradora e com integridade, e certamente esse profissional de gestão ou de relações nas organizações será moldado para uma maturidade profissional muito rápida e abrangente, para que possa exercer uma liderança holística, plena e de inteireza e convergência profissional.

Esse profissional pleno e com maturidade e capacitação integral em âmbito internacional é verdadeiramente o novo líder, com a marca de diplomata empresarial (que atua nos setores público e privado, e acentuadamente no terceiro setor, o social).

Prepare-se e capacite-se para esse novo porvir. Transforme-se. Construa-se a si mesmo.

BIBLIOGRAFIA

Abud F, Olivieri R. Internacionalização de carreiras, empresas e negócios: um passo para a globalização do homem. Casos de sucesso. São Paulo: Globus Editora; 2018.

Borba VR. Integralidade convergente. Rio de Janeiro, RJ: DOC Editora; 2014.

Borba VR. Espiritualidade na gestão empresarial: como ser feliz no trabalho. Rio de Janeiro, RJ: Qualitymark; 2011.

Borges VR, Zanovello AL, Marcondes CM, Lindemberg C, Zarour EJ, Borges MP, et al. Estratégia & ação: BSC no contexto das organizações de saúde. Rio de Janeiro, RJ: DOC Editora; 2014.

Borges DF. Os Es da gestão: execução, excelência, espiritualidade. São Paulo, SP: Editora Ser Mais Ltda.; 2013.

Borges DF. Como vencer a crise: superando desafios com liderança, estratégia e unteligência espiritual. Divinópolis, MG: Editora Artigo A Gulliver; 2016.

Chandler S, Richardson S. 100 Maneiras de motivar pessoas. Rio de Janeiro, RJ: GMT Editores; 2008.

Gomes D. O projeto de Deus. Vila Velha, ES: Gráfica Bethânia; 2008.

Guerra M. Liderar é preciso. Goiânia, GO: Editora Recriar; 2012.

Losier MJ. O propósito da sua vida: um guia prático para você se sentir realizado e feliz em tudo que fizer. Rio de Janeiro, RJ: Editora Casa da Palavra LeYa; 2017.

Martins CW. Do zero ao milhão. São Paulo, SP: Buzz Editora; 2017.

Rodovalho R. As leis fundamentais para o crescimento na vida. Brasília, DF: Sara Brasil Edições e Produções Ltda.; 2013.

Rodovalho R. Superação. Brasília, DF: Sara Brasil Edições e Produções Ltda.; 2017.

Rodovalho R, Schroeder G. O universo. A teoria quântica e a espiritualidade. Brasília, DF: Sara Brasil Edições e Produções Ltda.; 2016.

Rodovalho R. A energia da vida: lições das prosperidades da física quântica sobre a liderança, o amor, o sucesso e a vida. 2ª ed. Brasília, DF: Sara Brasil Edições e Produções Ltda.; 2013.

Santos R. Os 8 segredos do sucesso financeiro. São Paulo, SP: Biografia; 2017.

Silvoso ED. Ungidos para os negócios: como utilizar a sua influência no mercado para mudar o mundo. Rio de Janeiro, RJ: Graça Editorial; 2016.

Sita M. Capital intelectual, a fórmula do sucessoSão Paulo, SP: Editora Ser Mais; 2013.

Parte 3

Líder Padrão Mundial

CAPÍTULO

6 Líder *Coach* na Internacionalização de Profissionais

Jadson Luis de Oliveira

PRELIMINARES

Na atualidade empresarial, os desenvolvimentos técnico, profissional e pessoal ocorrem em velocidades aceleradas, e o momento é de internacionalização de profissões e profissionais. O mundo não tem mais barreiras ou distâncias intransponíveis: a língua, os processos gerenciais, as informações e a transformação de paradigmas são mudanças que estão em uma espiral positiva que se eleva e nos dão a única certeza. Tudo muda, tudo se transforma rapidamente, e precisamos estar prontos e atentos para surfar nessas ondas transformacionais em âmbito mundial.

A excelência é o padrão mínimo que se aferem produtos e profissionais em qualquer país civilizado, daí a importância do processo de "*coaching* nas organizações e para profissionais".

O mesmo deve ocorrer nos processos pessoais no preparo de profissionais para que possam ser excelentes em âmbito internacional, pois excelência é primeiro pessoal.

Segundo Borba, ser excelente é ser apaixonado pelo que verdadeiramente é, pessoal e profissionalmente, e intenso e eficaz por aquilo que faz.

LÍDER *COACH* NAS ORGANIZAÇÕES

Quando pensamos nesse tema, lembramos de todas as experiências e aprendizados ao longo da nossa carreira profissional, dos desafios, das decepções, das conquistas e o principal, que mantém até hoje, a chama acesa, a busca constante pelo desenvolvimento, pensando e comparando o estado atual *vs.* estado desejado de nossas equipes. Você é um líder com um estilo de liderança que todos os dias pensa em como fazer para provocar em seus liderados um incentivo para mudança e melhoria de desempenho?

Cuidado! É necessário que, antes de iniciar um trabalho dentro de uma organização, tenha a definição do resultado desejado, por isso é importante saber e conhecer quais são as metas da organização, pois, caso as metas não sejam apresentadas, pode ocorrer que toda aquela animação, esperança e motivação se percam, pois normalmente uma pessoa motivada chegaria assim: vamos lá, vamos arrebentar, vamos mudar, vamos melhorar! Vai que no meio da sua equipe surge alguém que diz assim: melhorar o quê? Seu diagnóstico como líder? Ou melhor, aquilo que a organização ainda não definiu como meta? É o primeiro golpe que vem como um "soco na boca do estômago", caso você líder não saiba qual rumo tomar! Por isso, quero te fazer uma pergunta! A diretoria da organização em que você trabalha até que ponto está disposta a pagar o preço? As pessoas da sua equipe conhecem esses desafios e metas e estas pessoas? Essas pessoas estão no mesmo propósito? Você gestor consegue perceber em que nível estão a organização, a direção e os colaboradores?

Outro ponto bastante relevante do líder *coach* é liderar pelo exemplo. É agir como disse Walt Disney: "Para começar, pare de falar e comece a fazer".

Não é mágica, mas potencializar a equipe é despertar nas pessoas aquilo que elas têm de melhor, é aprimorar seus conhecimentos, é "amolar o facão". É muito mais que motivação!

Não é fácil, mas encontramos na ferramenta de *coaching* essa possibilidade e então iremos demonstrar ao longo deste capítulo.

A primeira pergunta é: **O que eu espero como resultado para minha equipe? E estes resultados estão alinhados com as diretrizes da organização em que trabalho?**

Nós líderes não podemos viver como no filme Alice no país das maravilhas.

"Ficou ali sentada, os olhos fechados, e quase acreditou estar no País das Maravilhas, embora soubesse que bastaria abri-los e tudo se transformaria em insípida realidade…"

É importante pensar que nem sempre as pessoas, na maioria das vezes, não vêm prontas do mercado de trabalho, por isso é essencial que os líderes tenham um olhar capaz de identificar os potenciais e desenvolver de forma natural seus colaboradores, para que seja aquele profissional, já ocupando uma posição de liderança ou não, e então esse líder passará a utilizar técnicas e ferramentas apropriadas de *coaching* para o gerenciamento de pessoas. Com isso, possibilitará o aumento da capacidade de elevar seu desempenho e melhorar seus resultados e de sua equipe e, por consequência, o desenvolvimento da equipe para alcançar metas em comum.

Imagine você líder ser um agente com a capacidade de provocar o crescimento e evolução das pessoas que estão próximas de você. Perceba e tente visualizar nesse momento todo o processo de transformação, sua equipe crescendo a cada dia, as conquistas e vitórias. Para isso, é importante dar um passo de cada vez desconstruindo modelos mentais e quebrar paradigmas que muitas vezes impedem que as pessoas tenham melhor desempenho. Este é o líder *coach*!

Já se imaginou nesta posição? Quanto será que o mercado pagaria por você?

John Whitmore, referência mundial em *coaching*, diz que "*coaching* é libertar o potencial de uma pessoa para maximizar seu desempenho. Não é ensinar, é auxiliar a pessoa a aprender".

Reflita um pouco: as organizações de hoje querem profissionais que passem anos e anos do mesmo jeito ou pessoas que queiram se reinventar a cada dia? Pessoas que sejam flexíveis e estejam abertas a mudanças ou pessoas que já têm todo o conhecimento possível? Os melhores resultados vêm a partir das transformações.

Use referências próximas, na própria organização, e também mundiais como Steve Jobs, Abílio Diniz, entre outros.

O segredo está nas perguntas e nas respostas. Como é tentador para *coach* querer colocar sua opinião ou sugestão, mas é importante dizer que é *coache* e que irá apontar a trilha para que a meta seja atingida.

A técnica de perguntar é talvez a mais poderosa e eficaz do *coaching*. Não se trata de aplicar um interrogatório policial, o objetivo é deixar as pessoas em uma posição confortável, segura e de confiança.

Atualmente, a palavra *coaching* refere-se a um processo de inspiração e estímulo a fim de que as pessoas consigam construir o caminho, criando foco e comprometimento com seu objetivo e por último realizando transformações significativas em suas vidas e atingir resultados extraordinários.

A tendência da sociedade em geral é rotular as pessoas conforme seu comportamento, o que cria grandes problemas de relacionamento. Um bom líder sabe que as pessoas não são suas ações e, por isso, não emite juízo de valor e ajuda seus liderados a trabalhar os pontos de melhoria.

Afinal de contas, muitas pessoas se sentem motivadas quando percebem que o melhor lugar para trabalhar é aquele onde conseguem perceber o valor da sua contribuição.

Existe uma teoria relacionada aos níveis neurológicos de aprendizagem e de mudanças que foi desenvolvida por Robert Dilts e, posteriormente, adaptada por Bernd Isert. Essa teoria registra que existe uma hierarquia natural na forma em que são organizadas nossas estruturas mentais de aprendizagem, linguagem, mudança e nossos sistemas de percepção.

Primeiro Nível: Ambiente

Tem relação com o local, pessoas que vivemos, interagimos. Como é sua vida? Sua casa? Seu trabalho?

Segundo Nível: Comportamento

O segundo nível é o do Comportamento, este se refere às ações e reações do indivíduo, como nos comportamos no dia a dia.

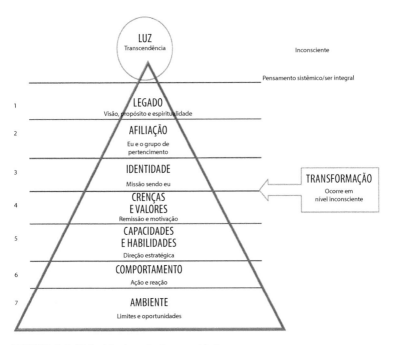

FIGURA 6.1 Pirâmide dos níveis neurológicos.

Terceiro Nível: Capacidades e Habilidades

O terceiro nível é o das Capacidades. Por exemplo: O que você pode fazer? Como você vai fazer? E como você utiliza suas habilidades?

Quarto Nível: Crenças e Valores

Este nível está relacionado com os porquês das coisas e guia nossas ações diárias. Em que você acredita?

Quinto Nível: Identidade

No nível de identidade existe relação com as perguntas: Quem é você? Quais são os meus papéis? Como sou enquanto pai, filho, líder?

Sexto Nível: Afiliação

Este é o nível da Afiliação, ou melhor, é a conexão do indivíduo com os grupos aos quais pertence: Qual o valor que tem minha própria história? Qual meu papel na minha equipe? O quanto eu sou importante em determinado grupo? A que grupos eu pertenço? Neste nível o *coach* faz o papel de aglutinador e a liderança e colaborativa.

Sétimo Nível: Legado

O legado está relacionado com o eu mais profundo, com a espiritualidade, a visão e o propósito. Qual minha contribuição na sociedade onde vivo? Qual minha relação com o universo que me cerca?

Pontos importantes que o líder *coach* deve desenvolver e conhecer em relação a si e aos seus liderados em desenvolvimento

1. Conhecer os desafios da organização em que trabalha.
2. Identificar em que nível.
3. Apresentar as metas.
3. Movimentar ou colocar as pessoas de acordo com suas habilidades.
4. Envolver e fazer com que sua equipe se motive.
5. Fazer com que sua equipe crie sua identidade.
6. Fazer com que sua equipe perceba e se envolva.
7. Que as situações se tornem naturais, ou seja, será tudo naturalmente simples e sistêmico no desenvolvimento do processo.

IMPORTÂNCIA DE UM LÍDER *COACH* NA FORMAÇÃO E PREPARO DE LÍDER INTERNACIONAL

A construção de um líder de nível internacional inicia-se desde sua infância e o *coach* deve entrar no processo quando da formação profissional, atuando como mentor, reforçando valores e especialmente colaborando com o profissional para estabelecer objetivos e metas, orientando na escolha de cursos e desenvolvimento de carreira.

O líder *coach* deve ajudar na estruturação do planejamento da carreira, definição de estratégias, metas e desenvolvimento pessoal e profissional, sendo, portanto, imprescindível na construção do PEP, planejamento estratégico pessoal, e na definição do BSC SELF, *Balanced Scorecard Pessoal*, indicadores de desenvolvimento pessoal, da carreira e da vida pessoal e profissional do novo ou futuro líder internacional. Para isso, deverá buscar e orientar novos paradigmas e casos de sucesso que possam consolidar a carreira do *mentee* (discípulo, pupilo).

COACH SOCIAL E ESPIRITUAL (MENTOR)

Além dos aspectos profissionais, o candidato a líder internacional deve desenvolver-se também no campo de relacionamento construindo *networks* profissionais e sociais, por isso, são imprescindíveis o treinamento e o estabelecimento de metas sociais e de relacionamento ao ponto de desenvolver a inteligência social.

Igualmente aos desenvolvimentos profissional e social, é imprescindível a estruturação de uma base espiritual, não no sentido religioso, mas no sentido amplo, ou seja, crer e viver de acordo com a ordem cósmica da dinâmica de crescimento, desenvolvimento, expansão, atração e valores indeléveis de humanidade e solidariedade, e nisso inclui o voluntariado.

O líder internacional, além de diversas línguas, deve entender também a linguagem do bem, da compaixão, da humanidade, da defesa do meio ambiente e sustentabilidade do planeta e da vida humana. Essa é a linguagem do amor que nunca deve ser suplantada pela linguagem profissional. A internacionalização deve envolver os valores de médicos sem fronteiras, da compaixão aos refugiados e de cuidado com a população local que sofre, por isso o líder *coach* deve ser o mentor de novos líderes internacionais que desenvolvam esses valores, que se expressam no cuidado com os menos favorecidos, em qualquer parte do mundo.

Segundo Borba, o líder *coach* é aquele que ensina e aprende todas essas linguagens e desenvolve as inteligências racional, técnica, profissional, social e espiritual, ajudando os jovens a serem um líder padrão mundial com todas essas características.

BIBLIOGRAFIA

Borba VR. Espiritualidade na gestão empresarial. Rio de Janeiro, RJ: Qualitymark Editora; 2011.

Borba VR. Integridade convergente na gestão empresarial. Rio de Janeiro, RJ: DOC Editora; 2014.

Borba RV, Borba VR, Garcia B. A marca do líder – diplomata empresarial. Ribeirão Preto, SP: EPV Editora; 2014.

CAPÍTULO

7 Nova Ordem Internacional na Liderança da Ciência e Tecnologia

Juliano Morimoto

INTRODUÇÃO

Muitos veem o meio acadêmico como um mundo à parte da sociedade de forma geral. Talvez porque acadêmicos são protegidos pelas paredes da universidade, onde muitos as usam para se tornarem inacessíveis. Entretanto, o desenvolvimento da ciência e tecnologia passa pelos mesmos processos, sofre as mesmas pressões e sucumbe às mesmas normas de instituições privadas. Nesse sentido, o foco na liderança da gestão profissional do acadêmico é (e deve ser) tão importante na ciência quanto é na indústria em geral.

Neste capítulo, conto minha história acadêmica e apresento minha abordagem de como se tornar um líder no desenvolvimento da ciência e tecnologia. Os pontos aqui propostos emergiram a partir das minhas experiências acadêmicas desde muito jovem, pelo treinamento e desenvolvimento internacionais e pelo crescimento pessoal e profissional que obtive em diversas instituições ao redor do mundo.

Em minha opinião, um líder na área acadêmica pode surgir em qualquer lugar, desde que haja uma **atitude de liderança** que parte do ser (e não do ambiente). Portanto, note que os pontos ressaltados aqui são primariamente voltados ao desenvolvimento do líder como ser humano e não como uma máquina de produção.

Vale ressaltar que liderança e desenvolvimento profissional – particularmente no meio acadêmico – é um processo dinâmico, fluido, que a natureza estática do livro não consegue capturar em sua essência. Nesse sentido, eu como autor não apresento os pontos de uma posição privilegiada – como o dono do conhecimento e do crescimento profissional. Pelo contrário, apresento os conhecimentos que obtive na minha carreira com a esperança que esses complementem as experiências vividas pelos leitores.

Na primeira parte do capítulo, contarei partes da minha trajetória e as lições que aprendi e que podem, em minha opinião, ser usadas pelos leitores e aplicadas a situações próprias. Na segunda parte do capítulo, exponho minha visão sobre a ciência e tecnologia da atualidade, os desafios enfrentados e como se tornar um líder nessa nova ordem mundial.

PACIÊNCIA, PERSISTÊNCIA E PERSEVERANÇA

Assim como a maioria dos jovens brasileiros, estudei em escolas públicas durante todo o ensino fundamental e médio. Meu regime de estudos, entre os 7 e 16 anos, não me colocou em uma posição favorável no vestibular e, se eu tinha um sonho de fazer uma universidade, precisaria mudar alguma das minhas rotinas. Assim, aos 17 anos e no 3º ano do ensino médio, decidi me preparar. A preparação foi intensa, com aulas no período da tarde e à noite durante quase todos os dias da semana. Além disso, acordava às 3 da madrugada para estudar antes do primeiro turno da escola, o que me dava tempo de resolver exercícios e ler conteúdos antes mesmo de tomar o café da manhã. Alguns dias tomavam de 16 a 18 horas de estudos.

MAS POR QUE TANTO ESFORÇO?

Porque eu tinha um sonho. E, apesar das dificuldades e desvantagens oferecidas pela educação pública, tinha um compromisso pessoal em realizá-lo. A situação mais comum que encontro na minha carreira hoje é a falta de **paciência** e de **trabalho duro** de muitos jovens no meio acadêmico.

Com a cultura da publicação, onde quantidade não significa qualidade, jovens querem ter seus nomes nos artigos sem colocarem o trabalho necessário para tornar o artigo uma realidade. É preciso ter paciência e investir o tempo necessário no aprendizado da tarefa a ser realizada. Foi isso que meu período de esforço durante os estudos me ensinou: **paciência, persistência** e **perseverança** quando o exercício de aprendizado é necessário.

No mesmo tópico, gostaria de deixar um conselho pessoal ao leitor. Uma das lições mais importantes que aprendi não somente na vida profissional, mas também na vida pessoal, é ter paciência em relação às gratificações e às honrarias que vêm com seu esforço. O trabalho duro de hoje trará o aprendizado necessário para que você realize seus sonhos amanhã e que permaneça crescendo todos os dias a partir de então. Como sempre digo: *Vencer é difícil, mas continuar vitorioso requer uma força interior inimaginável.*

VALOR DO DESCONFORTO

O esforço compensou quando passei no vestibular da Universidade Federal do Paraná em primeiro lugar entre os cotistas sociais no curso de Ciências Biológicas. Essa foi a primeira e maior oportunidade de realizar meus sonhos que tive até aquele ponto em minha vida.

Na universidade, tive a oportunidade de ganhar experiência, aprender, socializar e a me relacionar com pessoas com diferentes visões e experiências da nossa realidade. Mais importante que isso, foi a minha primeira experiência fora da minha **zona de conforto**. E essa experiência de desconforto foi que me permitiu (e ainda permite) expandir minha visão sobre o mundo que, ao longo dos anos, tem me dado grandes oportunidades de crescimento profissional e pessoal.

A partir dessa experiência, tive a oportunidade de morar e aprender em diversos países e culturas, incluindo Itália, Inglaterra,

Estados Unidos e Austrália. Mas se enganam aqueles que pensam que essas experiências não trazem dificuldades.

Cada país que tive a oportunidade de conhecer foi uma experiência de extremo desconforto, mas que me permitiu crescer a ponto de ter a oportunidade de ir além. Pode parecer irônico ou um pouco insano, mas a experiência do desconforto que vem ao sairmos da nossa zona de conforto é viciante. E é viciante porque o desconforto vem da **liberdade** que se ganha ao se afastar de tudo que é familiar e ir a lugares desconhecidos. Muitos não acreditam, mas é verdade. O frio na barriga, o medo, a adrenalina – viver fora da zona de conforto é um estilo de vida. E isso é extremamente importante porque somente quando estamos em desconforto é que abrimos nossa mente para novos conceitos e aprendizados que nos fazem crescer. Portanto, o desconforto é um ingrediente fundamental na formação de um líder mundial no meio acadêmico e também na indústria de forma geral. Sobre esse tópico, concordo com o *coach* motivacional americano Les Brown que diz que temos que viver em um estado perpétuo de desconforto, e somente assim desenvolveremos habilidades necessárias para crescer.

O SEGREDO DA VITÓRIA?

Muitos me perguntam qual o segredo de muitas conquistas que obtive ao longo da minha carreira. Minha resposta é sempre a mesma: **não há segredo**. Pelo menos não para o que conquistei. Existem sim algumas habilidades que, a meu ver, transformam uma pessoa em um líder. Essas habilidades mudaram nas últimas décadas – principalmente devido à quantidade de informação que temos disponível na palma das mãos. Assim, o líder de hoje precisa aprender:

1. como lidar com essa onda de informações;
2. como usar informações de forma eficiente;
3. como aprender novos conhecimentos quando necessário; e
4. como se adaptar a situações desconhecidas. O restante do capítulo é dedicado a esses tópicos.

NOVA ORDEM MUNDIAL:
O MUNDO DA INFORMAÇÃO

Com o advento da *internet* e ferramentas de busca, o conhecimento está (literalmente) na ponta dos dedos. Computadores nos permitiram acessar uma infinidade de informações em questão de segundos. Além disso, temos acesso a lugares e pessoas em qualquer lugar do mundo. Basta uma ligação em aplicativos de telefone ou computador para estarmos conectados.

Essa velocidade tem transformado a interação entre pessoas, tanto na indústria (como visto em outros capítulos deste livro) como na ciência. Arriscaria dizer que essa transformação causada pela "Era digital" afetou principalmente a ciência.

Isso porque a ciência é, e se torna cada vez mais, colaborativa. Não se faz ciência sozinho. E as transformações que nos trouxeram até aqui quebraram muitas barreiras que permitiram com que a ciência que fazemos hoje seja de mais alta qualidade e impacto internacional. Entretanto, como no ditado popular, "nem tudo são flores".

A internacionalização da ciência trouxe também uma nova série de problemas, com os quais o jovem cientista tem que lidar, mas sem eles o sucesso na carreira é praticamente impossível.

O QUANTO VOCÊ SABE E O QUE VOCÊ FAZ COM ISSO?

No tsunami de informações, é fácil se afogar ou perder o rumo de onde deseja chegar. Navegar na infinidade de informações pode ser uma atividade exaustiva. Entretanto, muitas pessoas têm uma visão distorcida do que é a ciência.

Como cientista, você não precisará saber tudo sobre a sua arte de pesquisa se quiser ter uma chance de uma carreira estelar. Isso seria uma tarefa impossível. Claro, você precisará ser diligente e aprimorar o conhecimento a cada dia. E isso não é só limitado à carreira acadêmica. **Para ser um líder, em qualquer área, o jovem precisa aprimorar o conhecimento que tem todos os dias.** Um líder se pergunta todo dia ao levantar da cama:

- Qual o conhecimento que adquiri ontem?
- Quais os problemas e desafios na minha área que posso enfrentar com esse novo conhecimento?
- Qual o conhecimento que preciso aprender hoje para continuar liderando a minha área?
- Qual a direção que minha área está tomando e quais as habilidades que preciso desenvolver para crescer ainda mais no futuro?

O QUE VOCÊ NÃO SABE E COMO VOCÊ APRENDE?

Em 2002, Donald Rumself, então Secretário de Defesa do Estado dos Estados Unidos, disse que existem diferentes tipos de conhecimentos. Os conhecidos são os que sabemos que temos. Existem conhecimentos desconhecidos que sabemos que não temos. Mas também há conhecimentos desconhecidos que não sabemos que existem. Essa última classe é a que nos limita e dificulta nossa habilidade de liderança. Como líder, apesar de buscar novos conhecimentos diariamente, é impossível saber tudo o que há para saber. Mas é importante estar consciente da infinidade de conhecimentos que um líder precisa adquirir. **E é somente quando buscamos novos conhecimentos é que aprendemos sobre as limitações do nosso saber.** Quando um líder adquire novo conhecimento, ele se pergunta:

- Quais os novos horizontes do meu saber agora que adquiri esse novo conhecimento?
- Quais são os conhecimentos desconhecidos que tomei conhecimento a partir desse novo saber?
- Como posso torná-los conhecimentos conhecidos?

A última pergunta é importante porque lida com o **aprendizado.** Um líder pode ter uma infinidade de conhecimento, saber seus limites e buscar novas informações todos os dias. Porém, **um líder precisa, acima de tudo, estar disposto a aprender.** Sem essa atitude de aprendizado, um líder – principalmente na área acadêmica – está fadado a uma carreira pequena. Um líder se pergunta:

- Estou disposto a aprender coisas novas?
- Qual minha atitude em relação ao aprendizado – sou um "estudante empenhado"?
- Qual o meu método de aprendizado?
- Como posso passar o meu conhecimento a outras pessoas?

O ESPAÇO DAS EMOÇÕES DE UM LÍDER NA CIÊNCIA E TECNOLOGIA

Quando percebemos e reconhecemos as limitações do nosso conhecimento, também reconhecemos que cada indivíduo possui suas próprias limitações que são diferentes das nossas. Ao tentar ensinar alguém, também aprendemos que cada indivíduo aprende de forma diferente e que cada um de nós tem uma velocidade de aprendizado própria. Com isso, temos a oportunidade de exercitar **respeito, humildade** e **compaixão** aos nossos colegas de trabalho, pesquisadores, estudantes.

Essas emoções são fundamentais para o desenvolvimento e crescimento da carreira de um líder na vida acadêmica e fora dela. Porém, é sem dúvida um desafio lidar e aprender com emoções, e nem todos conseguem refletir e ter autoconhecimento ao ponto de controlar e usar suas emoções apropriadamente. Por isso nem todos são líderes. **Um líder é capaz de crescer seu autoconhecimento diariamente, com o objetivo de alimentar emoções de respeito, humildade e compaixão.**

Um líder se pergunta:

- Quais as emoções que senti em determinada circunstância e qual foi minha reação?
- Como um líder reagiria?
- Como mudaria meu comportamento perante situações semelhantes no futuro?
- Existe alguma outra forma de responder às mesmas emoções?
- Posso usar essas formas alternativas de resposta em um próximo cenário?

ADAPTABILIDADE: A CHAVE PARA O SUCESSO PESSOAL E PROFISSIONAL

O verdadeiro teste de liderança é quando o líder se encontra em situação adversa. Por exemplo, para um profissional acadêmico, um novo ambiente de trabalho, novos colegas e/ou nova área de pesquisa podem ser dificuldades que podem surgir ao longo da carreira acadêmica. Como reagir? Quais as ações que devem ser tomadas para vencer as adversidades?

Uma característica-chave para o sucesso – e que distingue lideres – é a **adaptabilidade**. Adaptabilidade é a capacidade do líder de avaliar a situação, ganhar conhecimentos necessários, adquirir habilidades de forma a modificar a si mesmo e ao ambiente para que a adversidade se torne oportunidade.

Poucas pessoas entendem o conceito e a importância da adaptabilidade para o sucesso profissional e crescimento pessoal. Entretanto, na minha opinião e pela minha experiência até hoje, adaptabilidade é a característica mais valiosa para prever o sucesso de um líder em âmbito nacional e internacional.

COMO DESENVOLVER ADAPTABILIDADE?

A questão que mais escuto quando falo sobre adaptabilidade é: como desenvolver adaptabilidade?

Até hoje, conheço apenas uma forma de desenvolver adaptabilidade: **colocar-se fora da zona de conforto.** Viajar, experimentar novas culturas, colocar-se em situações de desconforto. Como qualquer outra habilidade, a adaptabilidade precisa ser desenvolvida e exercitada diariamente. E esse exercício de autoconhecimento é o fator principal que contribui para a formação do líder nessa nova ordem mundial, que conta globalização e internacionalização do conhecimento.

BIBLIOGRAFIA

Les B. Its not over until you win: how to become the person you always wanted to be no matter what the obstacle. Publisher: Simon & Schuster; 1992.

Brendon B. The motivation manifesto. Publisher: Hay House Inc.; 2014.

Maxwell JC. Becoming a person of influence: how to positively impact the lives of others. Publisher: HarperCollins Leadership; 2006.

Maxwell JC. Talent is never enough: discover the choices that will take you beyond your talent. Publisher: Thomas Nelson; 2007.

Maxwell JC. The 21 irrefutable laws of leadership: follow them and people will follow you. Publisher: HarperCollins Leadership; 2007.

CAPÍTULO

8 Líder do Futuro: Nova Liderança Atuará com a Inteligência Artificial

Giancarlo Pereira

Fazemos parte de uma sociedade de organizações. Desde o nascimento, somos inseridos em um contexto organizacional. As organizações passam a fazer parte do nosso dia a dia, somos educados e com elas convivemos, trabalhando ou mesmo nas horas de lazer. Não há como conceber o indivíduo independentemente das organizações.

De maneira distinta das sociedades anteriores, a sociedade moderna caracteriza-se pelo teor de racionalidade, eficiência e competência. Com o fim da Idade Média, a sociedade passou por rápidas evoluções, que trouxeram o progresso das cidades, a intensificação do comércio e o desabrochar das indústrias. A partir daí, a sociedade experimentou diversas revoluções, que passaram a configurar um novo contexto histórico, revelando, sobremaneira, a importância e a participação dos indivíduos em uma sociedade de organizações.

As organizações são definidas por Etzioni (1976) como unidades sociais, ou agrupamentos humanos, intencionalmente construídos e reconstruídos, a fim de atingir objetivos específicos.

Segundo o autor, o problema das organizações modernas é a forma de reunir agrupamentos humanos que sejam tão racionais quanto possível e, ao mesmo tempo, produzir um mínimo de consequências secundárias indesejáveis e um máximo de satisfação.

Sendo unidades sociais, as organizações caracterizam-se pelas divisões de trabalho, poder e responsabilidade de comunicação. Entre os participantes dessas organizações, surgirão, espontaneamente ou não, alguns líderes que terão a missão de conduzir as organizações aos objetivos que elas anseiam.

Kolasa (1978) afirma que em qualquer grupamento social há sempre algumas pessoas que se mostram mais ativas que outras. Tal fato revela a existência de diferenças nos papéis dos indivíduos, de modo a imprimir nos grupamentos sociais uma estrutura e um tipo de funcionamento que dificilmente serão iguais e emergirão das situações. Segundo o autor, é impossível discutir o comportamento, em especial o social, sem incluir algo sobre o processo e natureza da liderança.

Kouzes e Posner (1997) definem liderança como a arte de mobilizar os outros para que esses queiram lutar por aspirações compartilhadas. Destacando nesse conceito o verbo *querer*, sem o qual teriam desaparecido os conceitos de escolha, motivação interna e aspirações. Os autores afirmam que levar pessoas a fazer algo é tarefa simples, onde incentivos e ameaças poderão conduzir a consecução dos objetivos. O difícil, ou a arte, está em conduzir os liderados como se voluntários fossem distinguindo ações que mobilizam os outros para fazer, e ações que os mobilizam para querer fazer, e dessa última maneira buscar altos níveis de desempenho.

Philip Crosby (1999) enxerga a liderança como uma extensão das convicções do líder, uma competência central, predominantemente individual, e que apenas pode provir de dentro do líder. Esse autor argumenta que o líder sempre precisa ter em mente uma dimensão mais ampla que contemple: o orçamento e os assuntos financeiros, a qualidade do produto, os serviços prestados, o atendimento ao cliente, os colegas de trabalho, os superiores e os fornecedores, nunca perdendo de vista que a liderança se origina de dentro e das relações que o líder se dedica a cultivar.

Chiavenato (2000) aborda o conceito de liderança como sendo a capacidade de influência interpessoal exercida em uma situação e dirigida por meio do processo da comunicação humana à consecução de um ou mais objetivos específicos, ocorrendo exclusivamente em grupos sociais. Para esse autor, o conceito de liderança passa por duas dimensões: a capacidade presumida de motivar as pessoas a fazer aquilo que precisa ser feito; e a tendência dos seguidores de seguirem aqueles que eles percebem como instrumentais para satisfazerem seus próprios objetivos pessoais e necessidades.

O papel dos novos líderes está sendo colocado no centro das atenções, à medida que a inteligência artificial vem tomando espaço.

Dada a enormidade de possibilidades, não é de surpreender que as empresas estejam solicitando que implementem inteligência artificial com o uso de suas respectivas análises.

Os novos perfis a serem desenvolvidos enfrentarão obstáculos – desde criação de banco de dados, aumento de riscos e da inteligência artificial visando nova forma de tomar decisões. Por exemplo: enquanto uma organização contrata pessoas para o setor de dados de análise, deverá, também, ser dimensionada para impulsionar o crescimento e o progresso.

Os líderes de futuro deverão ajudar a organização a capturar uma parte maior das informações, úteis, para análise do mercado e de seus concorrentes.

O caminho será assumirem um papel de "catalisador" – alguém que redefine a liderança para a implantação de análises assertivas

As organizações terão três perfis:

1. Usarão análise de dados como sua força vital, levando a posicionar seus líderes de futuro como membros das decisões.
2. Priorizarão a análise e as unidades de negócios alinhados ao novo esforço.
3. Enfrentarão riscos ao seu modelo de negócios e, por vezes, à sua própria inteligência artificial. Essas organizações precisarão de análises assertivas para competir e colocar os líderes de futuro para a transformação do tipo de liderança.

Boa parte das empresas enfrentará uma realidade diferente: desejo organizacional de mudar para uma abordagem impulsionada pela análise, mas precisarão de um empurrão visionário.

Os anos 1990 foram o início para análises de dados, já que a *internet* tinha acabado de ficar disponível para o público e começar a gerar muitos dados. O título *CATALISADOR* – *Chief Analystic Officer* ainda não existia. O simples fato de estabelecer uma capacidade de inteligência artificial em algum lugar da organização foi um sucesso.

Assistimos a um aumento maciço na geração de dados, graças, em grande parte, à banda larga e à ascensão de empresas e plataformas de mídia social baseadas na *internet*. A tecnologia e a inteligência artificial para a captura e análise de dados surgiram em resposta, elevando o nível de acerto. As empresas começaram a colocar expectativas mais altas nos líderes, e o verdadeiro papel do catalisador surgiu.

Nesse ambiente, à época, existiam os "evangelistas", um perfil usado para disseminar o uso de dados e análises de forma mais ampla. No entanto, o tempo trouxe um novo nível de exigência devido ao aumento da intensidade da competição. O número de geradores de dados supera o número de humanos no planeta, tornando as técnicas de aprendizado de máquina ávidas por dados.

As organizações incorporam análises de dados de maneira mais consistente em toda a organização. O forte impulso deixará muitas organizações reativas à mudança, exigindo uma nova postura para facilitar mais mudanças.

UM AMBIENTE PARA OS LÍDERES DO FUTURO

Isso nos leva às organizações que estão buscando os líderes de futuro para capturar uma parte da enorme oportunidade surgida com a inteligência artificial, o que exigirá uma escala nunca prevista anteriormente – e em um ambiente muito mais exigente.

Estarão elevando a competição a novos patamares à medida que avançam em um número crescente de setores.

O uso da inteligência artificial e sua análise serão um desafio para oferecer aos consumidores a atenção e as experiências personalizadas que exigirão à medida que o universo de ferramentas de análise se expanda e se torna mais disponível. Na verdade, essas tecnologias devem crescer muito mais.

Ao mesmo tempo, os riscos crescerão à medida que as organizações equilibram as preocupações em torno da privacidade dos dados e da segurança das informações. Quase todos os projetos irão encontrar novos requisitos de segurança de dados.

Os líderes de futuro também enfrentarão muitos desafios organizacionais, enquanto se esforçarão para manter uma função de análise escalável. Eles precisarão navegar em longos processos, unir bancos de dados e as estruturas, já existentes, que mantêm as análises para os negócios.

Os líderes de futuro terão a responsabilidade sobre lucros e perdas, o que lhes dará poder na organização. Além disso, como diretores de *marketing* de uma década atrás, os novos líderes terão uma cadeira no *board*, colocando-os em vantagem quando tentam obter recursos adequados para novas aquisições.

SURGE O LÍDER CATALISADOR

Entramos em uma era que exige uma nova postura – *o catalisador* – que adota um estilo de liderança voltado para atender às demandas atuais das empresas quando se trata de implementar e análise avançada de dados. Os catalisadores abordam seu papel de maneira diferente do que os personagens anteriores, de forma que aqueles com mais históricos em carreiras científicas e técnicas talvez nunca tivessem feito isso antes.

CONVOCAR UMA COALIZÃO DE IGUAIS

Os catalisadores constroem uma "coalizão de iguais" composta pelo catalisador (1), o negócio (2) e a tecnologia da informação – TI (3). Essa coalizão pode ser o *driver* mais importante para levar as análises ao sucesso.

Como um grupo, essa coalizão de iguais entende a necessidade da empresa de competir com capacidades integradas nessa era hipercompetitiva. Ele reconhece a integração de elementos digitais e analíticos em quase todos os produtos e serviços existentes e oportunidades para oferecer produtos e serviços totalmente novos. O grupo sabe que o sucesso nesses esforços se baseia em inteligência artificial, em esforços conjuntos, colaboração estreita e propriedade compartilhada. A coalizão compartilha igualmente na tomada de decisões, e os membros da coalizão se concentram em torno de um objetivo comum: obter uma parcela de valor em comparação com seus concorrentes.

A coalizão de iguais é instrumental para manter o ímpeto quando há processo de inovação, sucesso e liderança.

Os catalisadores facilitam ativamente e assumem uma posição de liderança na construção da coalizão, ao mesmo tempo que trazem outras partes interessadas em vários níveis.

Eles farão isso das seguintes maneiras:

É preciso conhecimento técnico para estabelecer credibilidade, mas o trabalho é menos sobre o aspecto técnico e mais sobre desenvolvimento de funcionários, alocação de recursos, definição de visão e liderança para as mudanças.

Os catalisadores devem estar à frente dos líderes de unidades de negócios, ajudando-os a entender como os modelos geram lucros e perdas.

O líder organizará reuniões mensais do comitê operacional com seus diretores e unidades de negócios para definir uma visão compartilhada e analisar prioridades, progresso, novas oportunidades e necessidades de investimento. Ao longo do mês, ele se reunirá separadamente com os membros do comitê, juntamente com outros líderes da empresa, para manter o alinhamento e a adesão.

Também gastará tempo desenvolvendo novas inteligências artificiais para alinhar oportunidades de inovação com a visão e as prioridades da unidade de negócios. Trabalhar com líderes para criar inteligência artificial e um *scorecard* compartilhado para que o negócio seja medido com os mesmos critérios partindo de uma perspectiva de aprendizado conjunto e compartilhamento para superar o ceticismo e "ganhar o direito" de aconselhar sobre as implicações organizacionais.

A TI será parceira estratégica. Isso pode incluir trazer a TI para reuniões para desenvolver e formalizar novos negócios, solicitar informações de equipes e garantir que ela seja reconhecida por seu papel de transformação. Em última análise, esse tipo de abordagem não apenas ajuda a criar uma organização motivada, mas também atrai os melhores talentos.

CONSTRUINDO UM RECURSO CORPORATIVO

Os catalisadores também desempenham o papel de liderança na capacitação analítica em toda a organização, inclusive trabalhando em estreita colaboração com o seguinte:

- **TI** na estratégia de seleção de dados e tecnologia na inteligência artificial, incluindo métodos e ferramentas de controle e análise de dados.
- **Risco e conformidade** em toda a organização sobre estratégia e inteligência artificial para mitigação de risco.

INTEGRANDO ANÁLISES AVANÇADAS NO FLUXO DE TRABALHO

Os catalisadores lideram e aconselham sobre como integrar *insights* de análise em fluxos de trabalho e tomada de decisões. Eles ajudam as empresas a entender que uma organização orientada por análises requer uma abordagem diferente de como as equipes funcionam. Eles conhecem os negócios e seus objetivos e podem identificar oportunidades para incorporar análises mais sofisticadas.

AGINDO COMO UM AGENTE DE MUDANÇA

O líder navegará pelas barreiras organizacionais para adoção da análise. Aqui, a comunicação e a construção de relacionamentos nos níveis individual e organizacional são necessárias. Líderes usam as reuniões individuais, reuniões mensais e trimestrais de atualização com as principais partes interessadas para obter apoio.

Um líder pode usar uma abordagem em camadas, construindo suporte com os 10 principais influenciadores, depois outros 50, depois 500 e além. A mudança não ocorre rápido, e esse trabalho pode levar tempo. Em última análise, o objetivo é chegar ao ponto em que cada funcionário tenha uma mentalidade analítica.

ASSESSORANDO SEUS CONSELHOS E EMPRESAS

Os catalisadores aconselham seus conselhos e empresas fornecendo-lhes um conhecimento fundamental sobre o papel da inteligência artificial, orientando os membros da empresa em comparação com os concorrentes e educando-os sobre os problemas de governança que a empresa enfrentará. Eles apresentam a plenitude da oportunidade e a dificuldade da jornada por meio de reuniões individuais e outros locais. Por exemplo, um líder que conversamos com cientistas de dados identificados e outros membros da equipe que forneceram contribuições desproporcionais e agendaram conversas informativas com o CEO para que pudessem compartilhar o trabalho que estavam fazendo.

TRANSFORME-SE EM UM CATALISADOR

Qualquer catalisador que não participe regularmente dessas atividades provavelmente ainda não é um catalisador completo. Um sinal claro de que um catalisador pode estar mais no caminho de cataclismo do que de catalisador é que ele ainda está "empurrando" as unidades de negócios para incorporar análises de maneiras significativas, em vez de experimentar uma "atração" das unidades de negócios para parceiro estrategicamente para transformar o negócio.

TIRE UM TEMPO PARA FAZER UM BALANÇO

É importante dedicar um tempo para realizar uma avaliação completa de onde a organização está em termos de conhecimento e adoção de análise, bem como de sua posição de líder.

Para avaliar a situação organizacional atual, responda a perguntas como: Quanto valor as iniciativas de análise forneceram? Quanta credibilidade a função tem atualmente? Quais expectativas existem quando se trata de investimento em análises e impacto nos negócios? Onde estão os bolsões de resistência artificial? O que meu antecessor ajustou? Como ele liderou?

Ao mesmo tempo, é importante ter uma visão honesta de suas próprias habilidades de liderança. Todos os líderes costumam destacar que sua capacidade de influência foi fundamental para seu sucesso.

Como você é percebido pela sua organização? Você está equilibrando conhecimentos com empatia? Você incentiva ativamente a participação e a contribuição de outras pessoas? Você traz uma atitude positiva, independentemente de como as coisas acabam?

Com esse autoconhecimento, você pode planejar melhor sua estratégia. Um catalisador, para ter sucesso, não apenas contratou novos talentos que poderiam complementar sua liderança, mas também recrutou um *coach* executivo para ajudá-lo a administrar as difíceis conversas que precisava ter enquanto trabalhava para avançar na agenda. O *coaching* ofereceu abordagens comprovadas para que, independentemente do resultado, os participantes saíssem da sala com maior compreensão e respeito.

CRIE UM MAPA DE *STAKEHOLDER*

Desde a construção do seu plano de comunicação até a priorização de quais iniciativas seguir e quando o novo líder usa seu mapa de interesses como uma bússola para orientar sua jornada na construção de relacionamento com os gerentes gerais e líderes organizacionais em toda a empresa. Ele deve concentrar nos mais críticos e, durante suas primeiras semanas e meses, agendar reuniões regulares para conhecer diretamente suas prioridades, preocupações e expectativas.

AUMENTE SUAS COMUNICAÇÕES, INDEPENDENTEMENTE DE ONDE VOCÊ ESTEJA NA TRANSFORMAÇÃO

Para a transformação utiliza-se a maior parte do tempo no desenvolvimento de talentos e detalhes técnicos. Os catalisadores poderiam passar mais tempo em comunicações e alinhamento. Os esforços de inovação da empresa não apenas apoiam a aquisição de talentos, mas também aumentavam o suporte interno.

As comunicações em andamento também ajudam a construir as pontes necessárias para a mudança. Ser um agente de mudança não é fácil – como é comumente dito, pode ser solitário – e muitas vezes ele coloca os líderes em conflito com os outros em toda a organização.

Em última análise, o catalisador se tornará a *persona* dominante para os líderes de futuro das próximas décadas. Sua habilidade estabelecerá as melhores posições para que os líderes de futuro não apenas superem os desafios de hoje, mas também enfrentem os problemas que suas organizações podem encontrar no futuro – alguns como resultado do próprio sucesso do catalisador. Por exemplo, com sua experiência em capacitação e profundo conhecimento de resultados analíticos, o catalisador está bem posicionado para ajudar nos esforços de reciclagem para aqueles cujos trabalhos se tornam mais automatizados à medida que a inteligência artificial e outras análises avançadas se tornam básicas.

À medida que os dados e a análise se tornam mais arraigados nas empresas, a próxima onda de empresas também precisará de uma sólida expertise analítica, com perspicácia e inteligência artificial para análise e habilidades de liderança de um catalisador.

A EVOLUÇÃO À MEDIDA QUE A ANÁLISE DE DADOS AVANÇOU, PERFIS

1995 – Destemido. Transformou a matemática e a inteligência artificial da computação em uma vantagem estratégica.

2000 – Cientista. Ajudou sua organização a construir sua equipe de análise de dados e formalizou a inteligência artificial.

2005 – Evangelista. Ajudou a elevar o entendimento de sua organização sobre o valor de análises de dados e trabalhou para democratizá-los. Nessa época, o título de catalisador tornou-se mais comum em setores como os serviços financeiros, refletindo essa mudança de entendimento.

2010 – Condutor. Entregou uma visão clara e um roteiro para a inteligência artificial de uma empresa orientada por dados; no entanto, muitas vezes lutou por seu "espaço" recebendo pouca consideração.

2015 – Atencioso. Muitas vezes, um líder para longo prazo nem sempre possuía formação técnica, mas fornecia inteligência e diplomacia para ajudar a empresa a começar a abordar as questões organizacionais que estavam impedindo o progresso.

2018 – Catalisador, o futuro. Terá uma abordagem de liderança na construção de uma "coalizão de iguais" para ajudar no impacto nos negócios e fornecer uma abordagem pragmática para alcançá-lo.

BIBLIOGRAFIA

Chiavenato I. Administração – teoria, processo e prática. São Paulo: Makron Books; 2000.

Cohen WM, Levinthal DA. Absorptive capacity: a new perspective on learning and innovation. Vol 3. Administrative Science Quarterly. 1990; p. 128-52.

Crosby P. Princípios absolutos de liderança. São Paulo: Makron Books; 1999.

Etzioni A. Organizações modernas. São Paulo: Pioneira; 1976.

Kolasa BJ. Ciência do comportamento na administração. Rio de Janeiro: Livros Técnicos e Científicos; 1978.

Kouzes JM, Posnes BZ. O desafio da liderança. Rio de Janeiro: Campos; 1997.

Di Serio LC, Vasconcellos MA. Estratégia e competitividade empresarial: inovação e criação de valor. São Paulo: Saraiva; 2009.

Martins EC, Terblanche F. Building organizational culture that stimulates creativity and innovation. European Journal of Innovation Management. 2003;6(1): 64-74.

Smith M, Busi M, Ball P, Meer RVD. Factors influencing an organizations ability to manage innovation: a structured literature review and conceptual model. International Journal of Innovation Management. 2008;12(4):655-76.

CAPÍTULO

9 O Líder 4.0: a Nova Liderança do Empreendedorismo e da Inovação

Killian Geleyn
Raissa Venezia Borba
Valdir Ribeiro Borba

INTRODUÇÃO

Neste livro são apresentados os perfis do novo líder dentro de modelos de liderança que abarcam tanto o presente real, como o futuro bem próximo e disruptivo e de inovação e que exige e continuará exigindo líderes focados em estratégias conectoras. Por isso, entende-se que esses modelos são e serão o caminho a ser preparado para os profissionais que desejam construir e reconstruir suas carreiras com pensamentos disruptivos e exponenciais e resultados massivos.

Esse modelo aqui denominado de **líder 4.0** traz a proposta de uma nova liderança preparada para o futuro, com traços fortíssimos do profissional empreendedor e conector do futuro.

É aquele que está se preparando para uma nova realidade virtual, com isso, espera-se que esses profissionais, oriundos de qualquer área do conhecimento humano, sejam preparados para o

115

mundo virtual que se descortina. Desse modo, administradores, engenheiros, médicos, biólogos, advogados, internacionalistas deixam de ser meramente profissionais especialistas, fechados em suas técnicas, para ser profissionais abertos para esse novo mundo da realidade virtual, da robótica, da inteligência virtual, do *marketing* digital. Espera-se que saiam rapidamente do analógico, do operacional, do presencial e adentrem no digital, no trabalho em rede, e na presença por meio do *home office*, interligado, plugado nesse novo mundo.

Esse novo mundo não é mais tão corporativo, mas disruptivo e cheio de inovações, de empreendedorismos profissional e social, e para isso é preciso sair da inércia e assumir o controle da vida e da profissão plasmada no virtual e dirigida pelo *marketing* digital.

Existe uma confluência de conhecimentos profundos e processos e ações interoperativos, integrando a inteligência artificial com a *internet*, robótica, impressão 3D, nanotecnologia, veículos auto-dirigíveis, computador quântico, teletransporte e tantos outros de novas matrizes energéticas.

Pode ser difícil empreender individualmente nesse momento, mas é preciso estar preparado, pois as profissões não serão mais as mesmas e todas passarão por rápida e acentuada transformação e os frutos são e serão mais acentuadamente gratificantes.

POR QUE LÍDER 4.0

O grande mestre Alvim Tofler, na década de 1970, fez um estudo sobre os grandes movimentos de evolução da humanidade, especialmente nas relações de trabalho, classificando-os por ciclos, os quais denominou de ondas, naquele momento apresentou o livro "Terceira Onda" publicado no Brasil pela Record Editora.

Segundo o autor, essas ondas caracterizam-se pelas relações que determinam o comportamento do homem em sociedade, através das grandes mudanças nos setores operativos e na vida em sociedade, especialmente aquelas mudanças nas áreas de tecnologias, econômicas, sociais e educacionais.

Segundo o autor, as ondas surgem com as transformações da indústria, quando surge a máquina a vapor e com o desenvolvimento industrial (primeira onda) dando um impulso na indústria e nas relações de trabalho; a evolução das ondas passa pela revolução industrial e com o emprego da eletricidade e novas máquinas impulsionadas por essa energia, constituindo a Segunda Revolução Industrial, e a Terceira inicia-se com o emprego dos computadores e com o processamento de informações em velocidade espantosa.

Adotando o modelo de Tofler como um padrão de evolução de movimentos da humanidade, observa-se que a era agrícola foi caracterizada pelas conquistas territoriais e o trabalho era um meio de subsistência.

A onda industrial foi caracterizada pela produção em massa, serial, ou seja, em escala, além das necessidades de sobrevivência; surge a mudança de paradigma de agricultor ou artesão para especialista, provocando uma verdadeira revolução na vida das pessoas e das famílias.

A segunda onda surge com a eletricidade e teve como característica fundamental os princípios da especialização, da padronização, da maximização e da complexidade dos sistemas sociais. Ainda lidamos com vários paradigmas impostos pela sociedade industrial.

A terceira onda de Tofler inicia-se com o surgimento do computador, pois, paralelamente às necessidades de controle das organizações, cresce a tecnologia da informação, contribuindo para dar velocidade e conectividade dos sistemas e com isso se estende a capacidade de memória humana e de seus relacionamentos através dos computadores. A era da informação tem na informação processada seu insumo básico.

Segundo Tofler e outros autores, um novo momento ou nova onda está se implantando em nossas indústrias e nas relações de trabalho, por meio do emprego da *internet* e dos microprocessadores, denominada de onda da tecnoeconomia virtual, ou indústria 4.0; entenda-se aqui não apenas a indústria fabril, mas todo o setor, incluindo os serviços e o terceiro setor.

Com a propagação da *internet* expande-se nossa capacidade mental com memória auxiliar, velocidade e especialmente pela substituição da necessidade presencial, desenvolvendo-se assim a capacidade de acesso a diversos locais ao mesmo tempo, através da rede mundial de computadores, redimensionando e redirecionando as barreiras físico-geográficas para a realidade digital.

Nessa onda percebe-se novamente a quebra de paradigmas com deslocamento da mão de obra para o setor de serviços e uma nova ordem, acelerando a inteligência dos negócios e a capacidade da inteligência humana, com desenvolvimento da capacidade de aprendizado e a velocidade na transmissão e absorção de conhecimentos, fazendo surgir, a partir da gestão virtual e da gestão holística, as organizações virtuais, dentro do contexto de organizações que apreendem, uma sociedade igualmente de aprendizado compartilhado.

Essa quarta onda, denominada indústria 4.0, mesmo com intensa revolução, ainda está no estágio inicial, muda e mudará tudo em relação ao trabalho e à sociedade, e certamente a cada dois anos teremos alterações profundas na indústria e nas relações de trabalho.

Essa quarta onda está se iniciando, onde a ressonância nuclear magnética já é uma realidade, a robótica e a realidade virtual se fazem presentes na indústria, a supercondutividade é viável e, com o entrelaçamento de partículas ondulatórias, tornam-se possíveis os supercomputadores quânticos, com trilhões de vezes mais capacidade e mais velozes do que os atuais.

A neurociência em conjunto com a realidade virtual e a inteligência artificial formarão os robôs inteligentes e, com velocidade quântica, teremos uma grande transformação com mudança total do que conhecemos, e o ensino e o aprendizado, em especial de gestão, serão transformados e os novos líderes 4.0 serão os construtores do futuro.

Sem dúvida, está sendo inaugurada uma nova onda com saltos quânticos, essencialmente tecnocientíficos, e que provoca e continuará provocando a mudança de paradigma nas profissões, daí a importância do líder adequado, ajustado e capacitado, **líder 4.0**, para esse despertar, pois já estamos vivendo essa Quarta Revolução (onda) denominada indústria 4.0.

PRINCIPAIS QUALIDADES DO LÍDER 4.0

- Pensamento exponencial – pensamento *bold*.
- Reflexão sobre novos negócios e estratégias futurísticas.
- Articulador, convergente, conector com o futuro.
- Possuidor do propósito transformador.
- Realização massiva.

A grande característica desse líder 4.0 é o pensamento *bold*, ou seja, corajoso, audaz, forte, vigoroso, arrojado e transformador. Essa forma de pensar transforma completamente o próprio líder, que assume a postura radical de se conectar com o universo e com o futuro da humanidade e para isso se coloca na posição de liderar grandes transformações tão radicais que assustam o profissional comum.

Esse pensamento leva à progressão geométrica ou evolução exponencial com realizações massivas e, para isso, impõe ao líder uma desconstrução e nova construção do próprio pensamento. Desaprende para aprender novas formas e fórmulas revolucionárias na indústria e na gestão. É o pensamento da disruptura total, incluindo a si mesmo, para se reconstruir em novas bases, novos pensamentos, novas estratégias, novas tecnologias e criar um mundo novo.

Esse novo líder 4.0 é o empreendedor que se faz capaz de conectar a inovação com as eminentes oportunidades. É aquele que mesmo nesse ambiente global em ebulição consegue se descolar de velhas ideias e percebe todas as pontas, todas as nuances de todas as perspectivas.

A transformação não se dá sem esse líder 4.0, pois ele é a própria mudança. Ele não é apenas o agente de transformação, mas a própria transformação. Ele é a antítese do atual líder tradicional, por mais assertivo que esse líder seja ou tenha sido. Doravante, as ideias iniciais de uma organização e o estilo de gestão de seus fundadores correm sérios riscos se não adentrarem nessa nova forma de pensar e agir. Pensamento *bold*.

Bem-vindo líder 4.0, ou seja, bem-vindos nova era, nova onda, novo mundo.

INOVAÇÃO

CONCEITO

Manual de Oslo (1997):

"Uma inovação é a implementação de um produto (bem ou serviço) novo ou significativamente melhorado, ou um processo, ou um novo método de *marketing*, ou um novo método organizacional nas práticas de negócios, na organização do local de trabalho ou nas relações externas".

Michael Porter (1990):

"As empresas alcançam vantagem competitiva através de ações de inovação. Abordam a inovação em seu sentido mais amplo, incluindo tanto novas tecnologias quanto novas formas de fazer as coisas".

Inovação deixou de ser uma possibilidade para ser uma necessidade da sociedade pós-moderna. Portanto, a inovação tem por objetivo a exploração comercial de uma invenção, tecnologia, produto ou processo. A motivação é econômica.

Pela conceituação que se encaixa nessa nova onda, é importante identificar que não é somente o fato de as indústrias (organizações) serem ou não inovadoras, terem processos disruptivos, que as caracterizam como organizações 4.0. É preciso serem focadas na inovação com empreendedorismo profissional e enxergarem a transformação digital como ferramentas ágeis e que proporcionam decisões rápidas e assertivas, com custos exequíveis ao preço de mercado, pois essas são marcas que caracterizam a geração 4.0 da indústria.

A geração de líderes 4.0 tem como ponto forte "o pensar e desenhar o futuro estratégico dentro desse cenário em ebulição".

UNIVERSO DA INDÚSTRIA E DOS SERVIÇOS 4.0

O mundo está em plena evolução pela era digital. A indústria tem evoluído muitíssimo, com novos processos, novos sistemas computadorizados, conduzindo o trabalho na parte operacional fabril e também (principalmente) na gestão desses processos e dessas organizações, e em 5 (cinco) anos o mundo e o Brasil não serão mais os mesmos, daí a importância dos líderes de produção informatizada, mecatrônica, robótica, engenharia, economia, informática, *marketing* digital, advocacia, medicina, comércio exterior e relações internacionais, com a geração de verdadeiros diplomatas empresariais e verdadeiros empreendedores digitais, ou líderes 4.0.

De maneira geral, essa Quarta Revolução alcança também os serviços, que são rapidamente impactados, podendo superar a própria indústria. Assim temos também os serviços 4.0 em evidência.

No segmento da educação, são evidentes as transformações onde a sala de aula não é mais o referencial, mas sim o EAD (ensino a distância); com isso, o saber é transportado das universidades para os mais extremos rincões. Hoje, no mundo, o ensino de pós-graduação, mestrado e doutorado, por EAD, já é uma realidade mundial.

O mesmo ocorre no setor de saúde no mundo, onde as vertentes das fábricas de equipamentos são inteligentes, com processos de fabricação de medicamentos, OPME – órteses, próteses e materiais especiais –, instrumental e equipamentos cada dia mais automatizados, chegando inclusive a utilizar-se da impressora 3D para a confecção de OPME de válvulas cardíacas e outros totalmente customizados ou personalizados.

Os hospitais estão cada vez mais inteligentes, com salas cirúrgicas inteligentes, laboratórios inteligentes, ultrassons inteligentes e comandados a distância por médicos com suporte de auxiliares, e ultrassom portátil integrado por aplicativo ao celular, com monitoramento de pacientes, captação de informações. Estima-se que mais de 300 mil aplicativos de celular já existam no mundo, e alguns muito efetivos, desenvolvidos por *startups* no Brasil.

Os veículos automotivos e muitos equipamentos são construídos no padrão mundial, e o mesmo ocorre com equipamentos hospitalares de padrão mundial, das grandes empresas de equipamentos médicos sediadas na Europa e nos EUA, que são fabricados com conectividade com sistemas informatizados de gestão. São equipamentos *online*. Por isso, grandes *players* de equipamentos estão estabelecendo parcerias com igualmente grandes *players* da informática em saúde, como exemplo a integração da Phillips holandesa com a brasileira provedora de sistemas informatizados Tazy, facilitando e objetivando a interoperabilidade e a interconectividade.

Com isso, todas as informações individuais e coletivas de saúde de uma pessoa ou de um grupo de pessoas ou mesmo de uma nação estarão certamente em um *big data center*.

Hoje já é possível integrar e convergir todas as informações e, com isso, os aplicativos de agendamentos de serviços podem ser feitos de forma integrada em todos as unidades de saúde, públicas ou privadas, a partir de qualquer ponto, bastando ter à mão o *smartphone*.

O gestor ou líder 4.0 em saúde, ou o **executivo hospitalar 4.0**, em qualquer lugar do mundo poderá acessar todas as informações de gestão, de engenharia clínica, de governança corporativa, de governança clínica e tantas outras da assistência ou da gestão geral do seu hospital, a partir do seu próprio celular.

Entretanto, é preciso ter responsabilidade e cuidados com os riscos do compartilhamento de dados de pacientes, sendo esse um problema do mundo todo, pois os dados coletados de usuários *smartwatches*, pulseiras de monitoramento e de diversos aparelhos, ligados à saúde do indivíduo, coletados e armazenados nesse *big data* devem continuar sendo protegidos.

Nos países desenvolvidos da Europa e nos EUA, essa questão tem preocupado muito e gerado diversos debates e forçado novas resoluções, sendo reforçadas as legislações a respeito, mas as informações compartilhadas em diversos dispositivos móveis podem ser utilizadas por usuários não médicos e para finalidades não médicas.

ALGUNS DADOS SOBRE SAÚDE 4.0 NO MUNDO

Drones utilizados no combate a doenças

Monitoramento de focos de mosquitos transmissores de doenças, como no caso da dengue, malária, principalmente em comunidades isoladas e até para monitorar focos em cidades. Os drones são usados especialmente em lugares remotos na África, Tanzânia e também na América Central e do Sul, especialmente no Brasil.

Drones para entrega de medicamentos e sangue

A *startup* Zipline internacional, fundada nos EUA, atua na entrega de pequenos volumes usando drones, especialmente em entregas onde o mensageiro humano (condutor) corre risco de adquirir doenças como no caso de regiões endêmicas, na África (Ebola, malária), ou então nas comunidades afastadas. A *startup* está projetando a entrega de pequenos volumes a hospitais em regiões de difícil acesso.

- O mercado das *healthtechs* ou *startups* no mercado de saúde está realmente aquecido, pois, recentemente, a multinacional Roche adquiriu a Flatiron Health para coletar dados clínicos de pacientes com câncer e com isso alavancar conhecimentos e desenvolver sua área de medicamentos oncológicos, com maior valor de entrega e mais assertividades nos desfechos pelos seus produtos.
- A poderosa Nokia anunciou recentemente que está redirecionando sua estratégia para negócios digitais na saúde, demonstrando nova postura em relação aos *startups-healthtechs* na saúde.
- A poderosíssima Amazon, empresa conceituadíssima em *e-commerce* do mundo, declarou recentemente sua intenção estratégica, junto com o Banco JP Morgam Chase e com a *Berkshire Hathaway*, um enorme conglomerado de investimentos, de criar uma operadora de planos de saúde e, para inovar no atendimento e na gestão com custos reduzidos, deverá contar com diversas *startup-healthtechs*.
- A mesma Amazon está empenhada em criar uma solução tecnológica que democratize o acesso à saúde nos EUA, a partir de um sistema com menos custos e mais efetividade. Para isso, está mapeando o mercado e o impacto de suas tecnologias relacionadas às novas *healthtechs* do setor.
- Ultrassom para telemedicinas. A *startup* Butterfly Network anunciou o equipamento de US extremamente portátil e que pode ser operado a distância através do contato por *smartphone*, assim esses exames poderão ser conduzidos por um médico a distância, coordenando e orientando um técnico na outra extremidade que obedeça às suas orientações e realize o exame. O resultado é imediato e, com isso, a tecnologia 4.0 vence as barreiras geográficas.

- A tecnologia 5G, prevista para 2021, será a revolução na saúde e, certamente, o ponto de mutação (virada). Isso representa que os dispositivos móveis, *samartphones, tablets, notebooks* e outros serão capazes de permitir acesso a maior volume de informações, com conexões poderosas e instantâneas e com isso o aumento do desempenho das pulseiras *Smartwaches,* permitindo que os aplicativos entreguem serviços a distância a cada usuário em tempo real.

Operadora de plano de saúde totalmente digital

A grande revolução nas organizações de saúde no mundo é evidente. No campo de prestação de Serviços, a operadora de planos de saúde totalmente digital já é uma realidade semelhante ao mundo financeiro com a moeda digital.

Nos Estados Unidos, há pouco mais de quatro anos surgiu a *startup* Oscar Health (www.hioscar.com), sendo considerado no momento o maior caso de sucesso no mundo corporativo de organizações de saúde.

Essa empresa que está revolucionando o mercado de saúde é totalmente digital e voltada para o público-alvo da geração Y nascidos depois de 1980, os considerados *millenials*, acostumados com os celulares para tudo.

A empresa foca nos seguintes eixos de crescimento exponencial:

- Crescimento acelerado devido ao *marketing* excepcional.
- Redução da sinistralidade e melhora da experiência do usuário via telessaúde: fale com o doutor, fale com a enfermeira (gestora virtual da saúde do usuário).
- Promoção de hábitos saudáveis (*fitness* integrado ao plano com rastreamento das atividades e pontuação para desconto em compras em rede credenciada).
- Medicamento gratuito (especialmente de uso contínuo e rastreado pelo celular).
- Gestão da doença por aplicativo da empresa: cada usuário tem uma enfermeira orientadora, à semelhança do gerente virtual de bancos.

Certamente, esse novo mundo tecnológico que se descortina e que se estabelece como o ápice da transformação digital na indústria e nos serviços formata também o novo condutor, ou seja, o profissional ou **líder 4.0**. Tudo isso abre oportunidades para aqueles que têm o espírito empreendedor e se capacitam para o padrão mundial e têm paixão pela inovação, sendo, portanto, o cocriador dessa nova realidade virtual.

Prepare-se, seja o líder, seja o profissional 4.0 em qualquer lugar do mundo.

AMEAÇA AO EMPREGO

Não se identifica uma ameaça ao emprego de profissionais, o que se enxerga é uma transformação das profissões e dos profissionais. Certamente as profissões menos tecnológicas tendem a ser substituídas mais rapidamente, como aconteceu com a própria agropecuária no mundo e que estamos experimentando agora no Brasil, com o emprego de máquinas informatizadas e robotizadas que exigem novo profissional que atua como operador dessas máquinas e não mais como lavrador.

A tecnologia chegou primeiro no campo (nos grandes produtores) e no sistema bancário, mas toda a indústria e serviços estão se transformando e levando a uma transformação de seus colaboradores.

A tecnologia 4.0 veio para reduzir o trabalho repetitivo, operacional, não apenas o braçal, mas inclusive o de análises e de controle que podem perfeitamente ser desenvolvidos pelos computadores e por excelentes sistemas de gestão e de controladoria.

A indústria 4.0 oferece enormes oportunidades para empreendedores que atuam nas áreas técnicas e/ou com tecnologia. Isso no mundo é uma realidade, com jovens europeus, americanos, australianos e inclusive brasileiros construindo suas carreiras nesse novo estilo de trabalho, com empreendedorismos, criando *startups*, transformando processos que agregam e entregam valores à sociedade, tornando os processos mais simples, rápidos e eficazes.

Com todo esse desenvolvimento surge novo conceito e nova geografia do trabalho, agora em rede, e interconectados mundialmente, com o *home offices,* consultorias de *coaching* e *mentoring* e demais modelos de organização do trabalho e de inserção desses novos profissionais.

O conceito e o desenho das profissões estão evoluindo, e muitas desaparecerão, ou melhor, serão transformadas pela tecnologia, assim teremos advogados conduzindo robôs que sozinhos realizarão mais de 80% de todo o trabalho de teses e petições, médicos dando consultas na rede e a grandes distâncias, cirurgias robóticas sendo orientadas também a distância, *marketing* sendo construído e coordenado a distância por profissionais de tecnologia transformados pela integração do *marketing* profissional com os demais profissionais de tecnologia da informação.

É essencial considerar que a tecnologia 4.0 chegou para agregar como aliada e não como concorrente, prepare-se e seja um **líder 4.0**.

NO BRASIL

Em nosso país, estamos apenas engatinhando e os estudos de agências brasileiras demonstram que apenas 2% das indústrias brasileiras estão inseridas nesse conceito digital ou de geração 4.0; enquanto o mundo industrializado, Europa e EUA chegam próximo a 25%, mas no Brasil espera-se que esse patamar suba na próxima década para 15% ou mais.

O assunto da indústria 4.0 e as novas tecnologias digitais no Brasil começam a ganhar importância e por isso grandes universidades têm lançado cursos de pós-graduação, no formato MBA, para o desenvolvimento de inovações sustentáveis, e *startups,* procurando com isso acelerar o desenvolvimento e encurtar as grandes distâncias da tecnologia existente no exterior, especialmente nos países europeus, Japão, Austrália e Estados Unidos.

A Universidade de São Paulo (USP), por meio da sua Escola de Engenharia Politécnica, criou o MBA sobre tecnologia digital e inovações sustentáveis para capacitar profissionais que buscam essa disrupção e os conhecimentos sobre tecnologias digitais de forma sustentável. Esse curso visa mais aos profissionais das áreas da indústria.

O Hospital Israelita Albert Einstein, com apoio de empresas patrocinadoras, recentemente criou seu CIT (Centro de Inovação Tecnológica) e iniciou um curso de MBA sobre Inovação em Saúde, destinado a profissionais que atuam ou pretendem atuar na área da saúde, tais como: administradores, analistas de sistema, médicos, enfermeiros, arquitetos, engenheiros e outros, para fomentar a inovação disruptiva, estimular a criação de *startups* e abrigar e incubar *startups* de produtos inovadores na área da saúde.

Segundo seu *site, O Centro de Inovação Tecnológica (CIT) atua como consultor técnico em projetos de P&D nas áreas de propriedade intelectual, desenvolvimento tecnológico e transferência de tecnologia, incluindo prospecção tecnológica, preparação de projetos, captação de recursos, pedidos de proteção e comercialização de tecnologia. Além disso, possui papel educativo, oferecendo orientação e capacitação em temas ligados à propriedade intelectual.*

O CIT também avalia as propostas de projetos enviadas por pesquisadores e profissionais da Sociedade Beneficente Israelita Brasileira Albert Einstein que podem ser concebidas integralmente no Einstein ou em parceria com outras instituições/empresas, universidades e *startups*, para isso, disponibiliza sua incubadora que abriga até 15 *startups* e promove o fomento com a participação de "anjos patrocinadores".

ENCONTRO INTERNACIONAL DE EMPREENDEDORISMO E INOVAÇÃO EM SAÚDE

O Hospital Israelita Albert Einstein, por meio do seu CIT (Centro de Inovação Tecnologia), realizou recentemente em São Paulo, em 31 de outubro de 2018, o II Encontro Internacional de Empreendedorismo e Inovação em Saúde (Brasil). O evento abordou temas relacionados a inovação em saúde, palestras e *cases* das principais referências nacionais e internacionais.

A primeira edição em 2017 já havia contado com mais de 540 participantes, 250 *startups*, representantes de hospitais e centros de inovação em saúde do Brasil, Estados Unidos, Holanda e Israel, fundos de Venture Capital e financiadores públicos como BNDES e FINEP.

Considerado o maior evento de empreendedorismo e inovação em Saúde no Brasil, esse segundo encontro contou com a presença de 30 palestrantes de 7 países, 13 *startups*, 30 palestrantes, nacionais e internacionais, e teve 5 blocos temáticos que debateram sobre envelhecimento e doenças crônicas, *big data* e gestão populacional, tendências em investimentos em *startups*, oncologia e diagnóstico e medicina.

Esse II Encontro Internacional de Empreendedorismo e Inovação em Saúde contou com o patrocínio da Janssen, Novartis, Libbs, GSK, Thermo Fisher e Accenture, além de apoiadores da área da saúde, empreendedorismo e inovação.

Simultaneamente ao Encontro, foi realizada a oitava edição do Circuito Einstein de *Stratups,* que selecionou 10 negócios para se apresentarem em *stands e pitchs.* Com a parceria da Plug and Play, um dos maiores HUBs de inovação do Vale do Silício, também participaram 5 *startups* internacionais.

O III Encontro Internacional foi em setembro de 2019. Isso demonstra a força e o interesse do Brasil, e especialmente da Sociedade Beneficente do Hospital Israelita Albert Einstein que se encontra na vanguarda, sendo um dos pioneiros do empreendedorismo e da inovação, com destino certo na **SAÚDE 4.0**.

Desse trabalho resultaram diversos produtos e serviços 4.0 implantados e comercializados, entre eles destaca-se o "Pega Plantão", que é uma realidade em uma gama enorme de hospitais.

CONGRESSO INTERNACIONAL HIS – *HEALTHCARE, INNOVATION AND TECNOLOGY*

Anualmente é realizado no Brasil, em São Paulo, o Congresso internacional HIS, com painéis sobre *Healthcare Innovation Show*, além de muito conteúdo, diversos expositores apresentam suas novidades em um ambiente totalmente diferenciado e propício para a geração de negócios.

CONGRESSO MV *EXPERIENCE*

O MV Experience Fórum ocorre a cada 2 anos (anos ímpares) e sempre no mês de agosto é o encontro mais importante da Comunidade MV, rede de relacionamento que reúne executivos, gestores e profissionais das instituições usuárias das soluções MV. O principal objetivo é compartilhar conhecimentos e experiências para desenvolver e disseminar as melhores práticas.

Com temas relacionados à gestão de resultados, novidades em tecnologia da informação e tendências em gestão de saúde, o fórum apresenta as experiências mais inovadoras dos clientes MV nas áreas clínico-assistencial, administrativo-financeira, indicadores, suprimentos, faturamento e TI. Na última edição do evento, mais de 500 participantes viveram uma experiência incrível de conhecimento diferenciado e *networking*.

Esses eventos realizados no Brasil são momentos essenciais para a troca de experiência com profissionais de diversos países, que debatem e apresentam soluções de inovação e tecnologia 4.0. São gestores de classe mundial e com marca própria. Verdadeiros empreendedores na área de saúde e servem de novos paradigmas para os novos profissionais de padrão mundial.

HEALTHTECHS QUE ESTÃO TRANSFORMANDO O RELACIONAMENTO NA SAÚDE NO BRASIL

Segundo Felipe Lourenço, CEO da *iClinic* empresa de *software* médico, no Brasil gasta-se com elevado índice de desperdício na saúde por causa da ineficiência e por isso entende que o mercado das *healthtech* é promissor para eliminar os gargalos de desperdícios do setor.

O referido CEO estima que existam mais de 250 *startups* focadas nesse mercado de saúde no Brasil, cita como destaque a *Memed* plataforma digital já utilizada por mais de 55 mil profissionais de saúde e que fornece auxílio na prescrição medicamentosa. Cita também a *iClinic*, com mais de 16 mil clientes e que foca a gestão de clínicas. E *Pebmed*, que possui 25% dos médicos do País como clientes, que atua com conteúdos médicos que auxiliam nas decisões clínicas e cirúrgicas.

Sem dúvida, estamos entrando na era das *healthtechs* e o cenário é de que nos próximos anos seja muito promissor e que essas mudanças trarão impacto enorme no relacionamento profissional entre médicos e pacientes e nas relações multiprofissionais em saúde.

Além dessas mudanças profundas, o cenário acena para uma vertiginosa transformação pela IA (inteligência artificial) na saúde com enormes benefícios ao trabalho médico, em um processo acentuado de "computação cognitiva" pelo emprego de robôs cirurgiões, enfermeiras virtuais e cuidadores virtuais em hospitais e em *home care*. As especialidades que já despontam nessa área de computação cognitiva são, especialmente, oncologia, radiologia, dermatologia, oftalmologia, pneumologia, cirurgia torácica, cardiologia, medicina nuclear e tantas outras.

ALGUNS OUTROS PRODUTOS E SERVIÇOS 4.0 NA SAÚDE NO BRASIL

Além do Hospital Israelita Albert Einstein, outros movimentos também foram iniciados e desenvolvidos por iniciativa própria no campo da saúde, como, por exemplo, da MV Informática, líder no segmento, com acelerada internacionalização e que tem-se desenvolvido nessa área de inovação, em parcerias com empresas do Vale do Silício e hospitais de Israel e com pesquisadores nacionais e internacionais.

Um dos grandes produtos 4.0 da MV é o hospital inteligente sem papel e totalmente integrado, incluindo os equipamentos médicos, em que se destacam o prontuário eletrônico plenamente integrado e a dispensação de medicamentos com checagem beira-leito, onde hospitais possuem carrinhos de medicamentos inteligentes e a dispensação é totalmente automatizada na beira do leito. Um dos exemplos é o caso do Hospital Femina em Cuiabá – MT que, mediante um trabalho feito junto com os alunos do curso de Segurança do Paciente da ENSP – FIOCRUZ em Cuiabá e a MV, instalaram esses equipamentos e os processos e protocolos da dispensação beira-leito em todos os leitos de suas unidades gerais de internação e de UTI, sendo motivo de visitas constantes de outras organizações interessadas nesse serviço 4.0.

De maneira geral e curiosamente, alguns produtos e serviços no Brasil foram criados a partir da necessidade familiar do próprio pesquisador, como nos casos:

Robô Laura

A Laura é uma tecnologia implantada nos hospitais para identificação precoce dos riscos de sepse. A tecnologia foi criada pelo arquiteto de sistemas Jacson Fressatto após a morte de sua filha Laura. Ativa desde 2016 e funcionando em diversos hospitais brasileiros, a plataforma salva ao menos uma vida por dia.

É um dos melhores exemplos da geração 4.0 de produtos hospitalares. Iniciou no Hospital Nossa Senhora das Graças em Curitiba, adentrou a alguns hospitais do Estado do Paraná, como Santa Casa de Londrina, expandiu-se para o mercado de Minas Gerais por meio do Hospital Marcio Cunha, da Fundação São Francisco Xavier em Ipatinga, e agora chega aos hospitais do Rio Grande do Sul, monitorando atualmente 1.200.000 pacientes por ano, facilitando as atividades de monitoramento e controle pela enfermagem e salvando vidas.

Sofia fala

Outro produto 4.0 criado por pesquisadores da fala, a partir da necessidade de uma filha de uma pesquisadora, fonoaudióloga, que tinha dificuldade de fala, assim com o aplicativo para *smartphone*, a criança aprende a falar corretamente.

Indicador e dosador de insulina

Na Universidade de São Paulo, no Campus de Ribeirão Preto, médicos desenvolveram um aplicativo também para *smartphone* que avisa sobre o nível de glicose e a dosagem necessária de insulina a ser administrada.

WATSON DA IBM – INTELIGÊNCIA COGNITIVA ARTIFICIAL

O Watson foi criado pela IBM para auxiliar profissionais, desenvolvedores, *startups* e empresas a construírem sistemas cognitivos que possam melhorar processos, interações e ações. Só no Brasil, já existem cerca de 30 casos de uso público em áreas como saú-

132 Liderança e Inovação: a Marca do Líder Internacional

de, educação, bancos, agricultura, cultura, entre outras. Ele foi apresentado mundialmente, em 2011, durante o programa americano de perguntas e respostas, Jeopardy!

Na época, a solução apenas conseguia ler textos e responder perguntas. Hoje já possui diferentes serviços como reconhecimento e análise de vídeos e imagem, interação por voz, leitura de grandes volumes de textos, criação de assistentes virtuais, entre outros. Esse sistema da IBM está disponível em nuvem, portanto não se trata de um supercomputador, um robô ou um *hardware* de grandes proporções e sim uma plataforma.

O IBM Watson é um sistema cognitivo que pode entender esses dados, aprender com eles e raciocinar a partir deles. É assim que indústrias tão diversas como saúde, varejo, serviços bancários e de viagens estão usando o Watson para se reinventar.

A tecnologia utilizada interage com clientes, ouve suas perguntas e oferece soluções. A plataforma aprende a cada interação humana e cresce em sua base de conhecimento, adaptando-se rapidamente ao jeito que o homem pensa.

A plataforma também acessa e analisa conteúdos estruturados e desestruturados e apresenta análises e *insights* cognitivos em um resumo único, fornecendo a informação que você está buscando sobre padrões e tendências futuras.

O Watson é uma plataforma *in cloud* que analisa quantidades gigantescas de informação na linguagem naturalmente produzida pelo homem, e aprende com elas. Isso permite fazer o que nunca fizemos: reconhecer doenças antes mesmo que os pacientes apresentem sintomas, prever tendências antes que elas sejam moda, responder a perguntas antes que sejam feitas.

IBM WATSON EM AUXÍLIO À MEDICINA E HOSPITAIS NO BRASIL

Plataforma com avançada habilidade de analisar o significado e contexto de informações estruturadas e não estruturadas existentes em relatórios médicos que podem ser fundamentais na seleção de um tratamento.

WATSON HEALTH

A IBM criou em 2015 essa unidade para explorar o potencial da computação cognitiva na saúde, apostando que pessoas inteligentes com sistemas inteligentes podem potencializar os processos médicos e gerar resultados melhores do que os desfechos de até então, e com isso ranquear tratamentos personalizados extraindo por melhores práticas comprovadas e integradas pelo sistema de computação cognitiva.

Com esse foco, a IBM criou as ferramentas para Oncologia Watson for Oncology e o Watson for Genomics e certamente a evolução não para e o cenário aponta para um acentuado desenvolvimento pela inteligência artificial na medicina, e agora se inicia a era das parcerias entre a IBM e os *players* da área de saúde em todo o mundo.

A IBM fechou parceria com o Hospital Mãe de Deus, em Porto Alegre, para utilizar a plataforma de reconhecimento visual do Watson no tratamento de câncer. Em resumo, a plataforma recebe dados e imagens de exames de todos os pacientes para apontar tratamentos individualizados e otimizados para cada caso. Esse é o primeiro hospital da América Latina a fazer algo parecido e mostra todo o potencial que a tecnologia traz na área da saúde.

PRODUTOS E SERVIÇOS 4.0 NA GESTÃO EM SAÚDE

Na gestão hospitalar tem-se acelerado desenvolvimento de aplicativos e de sistemas 4.0, e entre eles destacamos o GPS de Governança Clínica da 2iM, que agora está em parceria com a MV, além do programa de gestão por competência no hospital, desenvolvido pela Fator Rh, e a questão da robotização na logística de armazenagem e distribuição de materiais e medicamentos em hospitais.

O desenvolvimento 4.0 na área de saúde cresce a cada dia e agora com o modelo de consulta *online* de aconselhamento médico pela *internet* e com a telemedicina em franco desenvolvimento, com *machine learning* (aprendizado de máquina) e *blockchain* (protocolos de confiança) para o atendimento *online* virtual, rapidamente teremos um outro modelo assistencial e gerencial na saúde. Com isso, tornar-se-á cada vez mais necessário o médico na rede e o **gestor ou líder 4.0** que, além da sua especialidade ou formação, deverá agregar também os conhecimentos de informática, *marketing* digital e de diversidades de idiomas para conectar-se com o mundo virtual e para se tornar líder 4.0 padrão mundial.

INOVAÇÃO NO RELACIONAMENTO 4.0 –
MARKETING DIGITAL

Tecnologia e inovação andam de mãos dadas com a comunicação em rede ou com o *marketing* de relacionamento pela *internet*. Não se pode desprender (descolar) um do outro.

O mundo tecnológico e o inovador passam obrigatoriamente pelo relacionamento de rede, ou seja, pela comunicação digital, especialmente pelo *inbound marketing* ou *marketing* de atração.

Certamente, para atrair e conquistar clientes em qualquer área de produtos ou serviços, o que dá resultado é o *marketing* de atração desenvolvido na plataforma do *marketing* digital, e daí surge um novo profissional, ou seja, o *designer* de *marketing* digital focado no relacionamento e de forma a atrair clientes em potencial, mediante o relacionamento digital.

Esse novo formato de *marketing*, que está nascendo agora com a geração 4.0 e na maioria das vezes comandado por jovens nascidos nesta geração, do ano 1990 para cá, portanto, muitos abaixo dos 30 anos, tem como estratégia e táticas o interagir dos diferentes perfis de usuários na jornada de consumidores, por meio do *marketing* digital.

Por esse meio é possível munir o cliente de informações conforme seu interesse pelo tema que busca, e para isso utiliza-se de *sites* e plataforma de buscas.

O primeiro e mais importante passo é atrair visitantes qualificados para determinado *website* e, a partir dessa visita inicial, utilizar-se da estratégia de captura de informações relevantes sobre o visitante, convertendo-o em *lead* ou contato. Essas informações altamente valiosas como *e-mail*, endereço, telefone, interesses, idade e outros são transformadas, catalogadas, trabalhadas e armazenadas de forma segmentada, são preciosíssimas para conduzir os relacionamentos futuros.

As estratégias do *marketing* de atração digital, além de capturar informações preciosas dos visitantes, auxiliam na comunicação e no relacionamento digital, bem como na fidelização desses clientes.

O MÉDICO 4.0 NA ERA DIGITAL DE COMUNICAÇÃO

Recomenda-se que esse relacionamento do *inbound* na área da saúde seja de caráter educativo, ético, transitando informações relevantes de maneira geral e orientações quanto a esclarecimentos gerais, procurando evitar o *marketing* aberto e/ou de propaganda, sensacionalismos, autopromoção e mercantilização, pois, além de não ética e má prática dessas posturas, a matéria é regulada por Resoluções do Conselho Federal de Medicina que disciplina todo o material de divulgação, comunicação, promoção e propaganda na área médica.

O primeiro e mais importante veículo do *marketing* digital ou de relacionamento entre médico e pacientes é o *WhatsApp*, devido a sua rapidez e direcionamento, e a versão *WhatsApp Business* é a mais indicada para esse relacionamento, entretanto é preciso tomar alguns cuidados especiais na sua utilização, devendo ser utilizado apenas para agendar consultas, mudar horários, agendar avaliações e cuidados pós-cirúrgicos. Para isso, é preciso treinar toda sua equipe de auxiliares, para que esse canal seja apenas de orientações e de respostas rápidas, pois nem sempre o médico estará disponível para esse contato, então ele será feito por meio desses auxiliares, com autorização do médico.

Todos os hospitais utilizam dessa ferramenta para interconectar médicos e profissionais da equipe assistencial de acordo com especialidades e assuntos, mas todo cuidado deve ser tomado para preservar a identidade e as informações médicas de pacientes.

Do ponto de vista do profissional médico, os especialistas em *marketing* digital afirmam que as ferramentas preferidas dos médicos são as redes sociais e digitais de relacionamento, pois servem para aproximar o médico e o paciente. Nesse particular, as mídias servem de instrumento de ajuda, mostrando que o profissional é especialista em determinada área, e levam informações de qualidade, sem ferir a ética, mas para bem informar. Porém, mesmo com os diversos e amplos benefícios do mundo digital, é preciso ter cautelas com o conteúdo publicado.

O *marketing* digital nas redes sociais sobre qualquer assunto ou especialidade, principalmente na área da saúde, deve ser essencialmente o *marketing* de conteúdo, pois não adianta se expor se não tiver um bom conteúdo, uma boa base técnica e de conhecimento do assunto. Conteúdo e qualidade são essenciais no *marketing* digital para a consolidação do renome internacional como profissional, **gestor ou líder 4.0**, antenado e plugado com o mundo.

Principais redes sociais disponíveis para o profissional 4.0: *WhatsApp, Facebook, YouTube, Instagram, Twitter, Sbapchat e Linkedin.* Escolha uma ou algumas e bom relacionamento na rede mundial.

CONCLUSÕES

Essa revolução industrial 4.0 veio para mudar tudo, para mudar a cultura mundial, a humanidade, o homem em si, e não resta dúvida que rapidamente teremos a neurociência aliando-se à realidade artificial e com o computador quântico e dessa convergência será possível a construção de infinidade de nanorrobôs inteligentíssimos que poderão concorrer com humanos ou facilitar o aprendizado de tudo para os humanos.

Em nossa opinião e em nossa área de atuação da Saúde e hospitalar, o desenvolvimento se dará pela interoperabilidade e espera-se que essa revolução leve rapidamente ao sistema de saúde totalmente inteligente e integrado em todo o mundo. Com isso, hospitais inteligentes, sistemas públicos e privados inteligentes e integrados, com massiva interoperabilidade entre os sistemas públicos e privados e de saúde primária integrada com saúde secundária e terciária em um sistema nacional inteligente e depois em um sistema mundial totalmente inteligente. Nessa área de saúde, os benefícios serão enormes e certamente os líderes conectores, integradores e convergentes serão profissionais requisitadíssimos.

De maneira geral e em todos os setores entende-se que o modelo de liderança com a inovação tecnológica passará sempre pelo modelo de líder 4.0.

Os novos tempos modernos necessitam de médicos, advogados, internacionalistas, engenheiros, arquitetos, profissionais de *marketing*, de comércio exterior, todos pensadores e com a marca do **LÍDER 4.0**.

EVOLUÇÃO DO LÍDER 4.0

Como consideração final ou aposta sobre o futuro da organização virtual, integrada em âmbito mundial, e a necessidade de um tipo de líder do futuro, insere-se aqui um texto sobre a expectativa da evolução dessa 4ª onda, ou seja, a evolução da indústria 4.0 e o requerimento de um líder igualmente evoluído para tal desempenho.

PRÓXIMA ONDA E O LÍDER QUÂNTICO – HOLÍSTICO NO PROCESSO DE EVOLUÇÃO DO LIDER 4.0

A empresa das sociedades de organizações, na plena era do computador quântico e das relações exponenciais, certamente será empresa que encanta, plenamente desenvolvida pela gestão integrada, participativa, proativa e com abrangência teleológica ou holística e, para isso, gerida por um líder com essa cosmovisão holística, transcendental e integrativa.

Esse modelo ou tipo de empresa é que permite a sensação de conectividade e de interatividade com o todo e que proporciona uma visão abrangente dos universos social e empresarial.

Essa empresa, sem dúvida, além da técnica e dos resultados mensuráveis em balanços patrimoniais, valoriza também o homem e seu universo de relações, entendendo que o processo produtivo pode e deve ser humanizado. É um encontro do tecnicismo objetivo com o estratégico, transcendental e até espiritual.

A gestão formatada pela liderança holística integra o universo da organização, agrupando e potencializado as partes, na busca dos desenvolvimentos organizacional e humano e de resultados otimizados, com criatividade, intuição, flexibilidade, conhecimento técnico e modernas metodologias com processos quânticos impulsionados pela sinergia quântica através da liderança holística transcendental, desenhada pela cosmovisão de integralidade quântica e que busca a fidelidade do todo e das partes.

Essa gestão é exercida por um líder com alta capacidade técnica e igualmente holística e transcendental, semelhante aos princípios quânticos, centrado e equilibrado com as forças universais que move o todo, inclusive pessoas e empresas, daí a alegoria de líder quântico, transcendente e universal, pronto e preparado para a liderança transnacional, ou liderança em âmbito mundial.

O SER QUÂNTICO – BASE PARA O LÍDER HOLÍSTICO

Tal qual a partícula subatômica que possui dois aspectos, partícula e onda, também temos necessidades simultâneas de relacionamento e de individuação. Ou seja, em momentos somos extrínsecos e em outros intrínsecos. Com o aspecto partícula (férmions) isolamos em nós mesmos e vivemos a vida a partir do ponto de vista e das próprias crenças e valores individuais e, pela característica ondulatória, bóson, especialmente em feixes de luz, impulsionados e atraídos por outras pessoas e entrelaçados com elas.

Essas duas características fundamentais se assemelham aos aspectos masculino e feminino em nosso ser e relacionamentos. A convergência é, portanto, princípio essencial em nós mesmos, e com isso a integralidade se faz físico-espiritual, individual/coletivo, interior e exterior.

A convergência é o caminho da parte para o todo. É a realidade físico-natural da essência quântica do próprio ser humano que nos mantém íntegros e relacionados. A convergência é a conversão, e o caminhar, o integral, pois, quando integramos os diversos eus em um eu integrado, progredimos rumo à totalidade física, consciente e psicológica.

Nesse estado de ser, tornamo-nos unificados com a consciência mais aberta e livre de preconceitos e de dogmas, e nossos poderes se reúnem em sua integração eficientemente coordenada, e com isso liberamos e recebemos energia em plena sinergia com as pessoas e com o ambiente e tornamos unificados (campos unificados). Desse modo, começamos a reconhecer que estamos todos inextricavelmente ligados, pois não só temos origem no mesmo reservatório de energia do campo quântico, como também estamos trocando constantemente essa energia, portanto, todos participantes da dança constante da vida.

Ao reconhecer essa nossa interconexidade profunda, tomamos conhecimento dessa mudança de consciência. Compreendemos que somos muito mais que meros seres físicos e produtos da teoria da evolução das espécies.

Compreendemos que não há separação entre dois feixes de laser e não há separação real entre nós e o universo. Se a fusão nuclear libera energia do sol, o mesmo sol, através da gravidade, mantém-se unido. Se as leis e os princípios que dirigem e mantêm o equilíbrio do universo, como: expansão e atração, fusão e gravidade, separação e relação, divergência e convergência, dispersão e conversão, são os mesmos que nos regem e nos mantêm, e como todos provêm da mesma fonte, da unicidade, então somos de fato produtos físicos e espirituais, portanto o ser holístico é um ser sujeito ao processo quântico, ou seja, é igualmente um ser sistêmico, físico, espiritual, transcendental, local e não local, partícula e onda, consciente e inconsciente. Sim, somos tudo isso, integrados com o todo.

O ser quântico é o ser com essa capacidade de interconectar-se, convergir, trocar energia e essencialmente se relacionar de forma integral, sem considerações condicionadas, pois é através de nossas relações que realizamos tanto o nosso potencial como o de outras pessoas, e isso é essencial para a liderança imediata das organizações e das relações sociais e do trabalho.

LÍDER HOLÍSTICO OU LÍDER QUÂNTICO VIRTUAL

O líder holístico é competente, generalista e altamente relacionado. Fiel e altamente comprometido com o trabalho e com as pessoas. Mantém-se motivado, ativo e centrado nos processos e essencialmente nas relações. Além da dedicação ao trabalho é, também, plenamente integrado com a família, amigos e sociedade em geral. Faz do seu trabalho e dos seus relacionamentos uma brilhante oportunidade para melhorar a qualidade de vida das pessoas, agindo com responsabilidade social, o que o torna plenamente feliz.

O líder holístico é um ser quântico com capacidade de relacionamento. Essa relação é baseada em consideração positiva que permite realizar tanto o nosso potencial como o potencial de outras pessoas, permitindo ainda que seja integralidade maior que a soma das partes.

CARACTERÍSTICAS DA IDENTIDADE DO LÍDER QUÂNTICO, ALÉM DO LÍDER 4.0

O líder quântico ou holístico do futuro deverá ter, no mínimo e essencialmente, os seguintes atributos:

- Crença ou fé em si mesmo.
- Paixão pelo trabalho.
- Amor pelas pessoas.
- Curiosidade científica.
- Preocupação pelo futuro da humanidade.

O líder holístico sabe que o atendimento das pessoas é realmente o que importa, por isso pauta sua vida por princípios sociais, humanos e estratégicos, voltados sempre para o bem-estar das pessoas. Seu grande objetivo, além do trabalho, é alcançar a admiração pelas suas realizações em prol da humanidade.

Esse líder moderno deve ser difusor do *Empowerment*, preparando indivíduos para agirem plenamente em um processo de delegação e gerência participativa. Consequentemente, esse novo e moderno líder quântico formatará a nova organização com sustentabilidade em todos os níveis e campos de relacionamento, visando sempre ao bem-estar coletivo e à segurança da humanidade.

O líder que atua dentro da gestão holística e espiritualizada tem profundo respeito com as pessoas, respeitando não apenas clientes, mas essencialmente todos os relacionamentos de sua cadeia de integralidade funcional e pessoal, respeitando as diversidades e os grupos, quer sejam funcionários, quer sejam fornecedores, clientes, vizinhos, membros da comunidade. Sua gestão é sempre pela cosmovisão do todo universal.

Como modelo e representante desse novo tipo de líder quântico, destacamos a jovem Katharine Louise Bouman, ou Katie Bouman, com apenas 29 anos e pós-doutorado alcançou o grande feito de ter definido, aos 26 anos, o algoritmo que possibilitou que mais de 200 cientistas lançassem à tarefa de fotografar um buraco negro a 58 milhões de ano luz da terra, o que foi um sucesso, divulgado para o mundo no dia 10/04/2019. Por isso, ela representa com destaque o líder do futuro ou líder quântico que apresentamos neste livro.

BIBLIOGRAFIA

Borba VR. Integralidade convergente. Rio de Janeiro, RJ: DOC Editora; 2014.

Borba VR. Espiritualidade na gestão empresarial: como ser feliz no trabalho. Rio de Janeiro, RJ: Qualitymark; 2011.

Borba VR. Estratégia & ação: BSC no contexto das organizações de saúde. Rio de Janeiro, RJ: DOC Editora; 2014.

Magaldi S, Salibi NJ. Gestão do amanhã: tudo o que você precisa saber sobre gestão, inovação e liderança para vencer na 4ª revolução industrial. 6ª ed. São Paulo, RJ: Gente Editora; 2018.

Revista Empreende: A Indústria 4.0 de era em era, ABEEON – Fevereiro e Março 2019, – Edição 3. Ribeirão Preto, SP.

Revista DOC. Sociedades Médicas e a comunicação Digital, DOC-CONTENT, numero 61. Rio de Janeiro, RJ.

Revista DOC. O Médico e as mídias digitais, DOC-CONTENT, número 60. Rio de Janeiro, RJ.

Revista DOC. número 63, p. 25. Lourenço, Felipe. As healthtechs que estão mudando o mercado da Saúde – DOC-CONTENT. Rio de Janeiro, RJ.

Revista DOC. números 63, p. 31-3. Simões, Nayara. Computação Cognitiva. Um passo rumo à revolução profissional. DOC-CONTENT Rio de Janeiro, RJ.

Rodovalho R. A energia da vida: lições das propriedades da física quântica sobre a liderança, o amor, o sucesso e a vida. 2ª ed. Brasília, DF: Sara Brasil Edições; 2013.

Rodovalho R, Schroeder G. O universo, teoria quântica e a espiritualidade. Brasília, DF: SBE Edições e Publicações; 2016.

SITE: https://encontroempreendedorismo.inovaeinstein.com.br. Acessado em 5 de março de 2019.

SITE: https://www.einstein.br/pages/home-telemedicina.aspx. Acessado em 5 de março de 2019.

SITE: https://www.einstein.br/estrutura/inovacao/inova-einstein-circuito-startups. Acessado em 5 de março.

SITE: http://portalhospitaisbrasil.com.br/saude-4-0-hospitais-investem-em-inteligencia-artificial-para-otimizar-atendimento-e-reduzem-indices-de-morte/?fbclid=IwAR1J5T4bQXdjhgwLRxtw3TTKpXCaPCQ3tDB22vdPJ-Jv4YX37HGg2hsdYfcM. Acessado em 5 de março de 2019.

SITE: http://www.ctiglobal.com/watson/#. Acessado em 24 de abril de 2019.

Tofler A. Terceira onda. 31ª ed. Rio de Janeiro, RJ: Editora Record; 2012.

Toffler A, Toffler H. Criando uma nova civilização: a política da terceira onda, Trad. Alberto Lopes, 6ª ed. Rio de Janeiro, RJ: Editora Record; 1999.

CAPÍTULO

10 Por Que o *Marketing* Digital é Mais Eficaz que o *Marketing* Tradicional e a Importância do Líder Digital

Killian Geleyn
(traduzido por Raissa Borba)

INTRODUÇÃO

O mundo corporativo está em plena transformação, saindo da gestão analógica para a gestão digital. Desse modo, a gestão está focando em novas ferramentas e convergindo e concentrando sinergia em áreas de contato com o cliente e com isso ganha relevância o *marketing* digital, por isso o novo líder assume o papel de gestor digital ou gestor de serviços nas redes sociais (SEO).

Quantas vezes por dia buscamos uma informação ou algo que queremos no Google? Usar o buscador não é apenas comum, agora é rotina.

Esse hábito não está relacionado apenas a entretenimento, mas principalmente à procura de produtos e serviços, sejam eles pessoais ou comerciais.

143

144 Liderança e Inovação: a Marca do Líder Internacional

TAMANHO DO UNIVERSO ATUAL
DE USUÁRIOS DE REDES SOCIAIS

Hoje, 89% das pessoas pesquisam no Google antes de comprar algum produto ou serviço com maior valor agregado. Portanto, cabe aos profissionais e às empresas se prepararem para atender esses pesquisadores e potenciais clientes digitais, e para isso é preciso, independente da profissão de origem ou do tipo de organização que trabalha ou representa, tornar-se um gestor de *marketing* digital.

2,32 bilhões: este é o número de usuários ativos que o Facebook reivindicou no final de 2018[1]. Assim, cerca de 30% da população mundial tem acesso à rede e gasta em média 2 horas e 20 minutos por dia em redes sociais e outras plataformas de mensagens[2].

Além do uso, muitas vezes excessivo, das redes sociais, o envolvimento delas na estratégia de *marketing* das empresas é considerável, principalmente quando sabemos, por exemplo, que 64% dos consumidores dizem que assistiram a um vídeo no Facebook e levou-os a comprar um produto no mês passado[3].

Diante da mudança de hábitos de consumo (principalmente em relação ao uso de *smartphones* e redes sociais), muitas empresas questionam sua estratégia de *marketing*. Como você reage quando 82% dos usuários de *smartphones* verificam o *smartphone* deles na loja ou quase 35% das pesquisas de produtos começam com uma pesquisa no Google?[4]

MARKETING TRADICIONAL *vs. MARKETING* DIGITAL

Em vista desses desenvolvimentos, o *marketing* "tradicional" parece estar perdendo mais terreno todos os dias em favor do *marketing* "digital". Mais do que apenas uma questão de moda ou escolha, esses números sugerem que, independentemente da indústria ou do tamanho, as empresas que usam massivamente o digital para promover seus produtos ou serviços agora parecem ter uma vantagem não negligenciável sobre seus concorrentes que usam métodos mais "clássicos".

Mas o que exatamente estamos falando quando usamos o termo *marketing* digital? De acordo com o Financial Times, enquanto o *marketing* tradicional promove produtos ou serviços através de mídias "clássicas", como jornais, TV ou *outdoors*, o *marketing* digital é o *marketing* de produtos ou serviços usando canais numéricos para atingir os consumidores, como redes sociais, publicidade gráfica ou *marketing* de mecanismos de busca [...].

Com essa definição em mente, podemos analisar as razões pelas quais as empresas usam diferentes ferramentas e canais digitais. Neste artigo, nos perguntamos: **quais são as razões que tornam o *marketing* digital mais eficaz do que o *marketing* tradicional?**

UMA ABORDAGEM DIFERENTE: *INBOUND MARKETING*

Para ilustrar como o *marketing* digital oferece muitos benefícios, vamos dar um exemplo. Luma, gerente de academia em São Paulo ou em Bruxelas, quer atrair novos sócios para sua academia. Para fazer isso, ela tem a ideia de propor novas aulas de zumba.

Para promover a chegada dessas novas aulas de dança esportiva, Luma tem duas opções: distribuir panfletos nas caixas de correio do bairro (exemplo de uma técnica de *marketing* "clássica") ou investir em publicidade no Google (os famosos "anúncios" que aparecem durante uma pesquisa no Google).

Além do considerável tempo e investimento que isso exige, se Luma escolher distribuir seus panfletos, a grande maioria dos moradores o jogará diretamente no lixo: de fato, quem gosta de receber publicidade "invasiva", impessoal e, principalmente, que não lhe interessa?

Agora pegue uma segunda situação: Raissa, uma jovem mulher de 28 anos, quer se registrar em uma academia perto de sua casa. Se Luma investe em publicidade no Google (ou se ela trabalha bastante o SEO do seu *site*), Raissa verá imediatamente a academia de Luma aparecer nos resultados, e ainda com uma oferta interessante de um teste grátis para uma aula de zumba, por exemplo.

Por meio desse exemplo, vemos que se Luma investir na publicidade do Google ela provavelmente terá um retorno muito mais eficaz na promoção de suas aulas de zumba. Nessa segunda abordagem, a publicidade de Luma aparece quando o cliente em potencial decide se interessar por uma academia, tornando a publicidade muito menos invasiva e o efeito mais convincente.

No *marketing*, essa abordagem é chamada de estratégia *inbound*. Em contraste com a abordagem *outbound*, em que a empresa interrompe o cliente em um momento inconveniente (por exemplo, com um *spot* de TV), a abordagem *inbound* visa atrair o cliente naturalmente e orientá-lo por meio de uma série de ações específicas.

Vemos, portanto, que uma das razões pelas quais o *marketing* digital é mais eficaz do que o chamado *marketing* tradicional é que as ferramentas de *marketing* digital são mais frequentemente fáceis de adotar para uma estratégia *inbound*, ao mesmo tempo "não invasivo" e mais relevante para o potencial cliente e, portanto, geralmente mais eficiente para a empresa.

SEGMENTAÇÃO MAIS RELEVANTE

Retomemos o exemplo de Luma e de sua academia. Depois de dar sua primeira aula de zumba, Luma percebe que a maioria dos alunos são mulheres entre 24 e 35 anos, cujo objetivo principal é perder peso enquanto se divertem.

Após sua experiência positiva com a publicidade do Google, Luma decidiu investir em publicidade no Facebook para convencer novas pessoas a se inscreverem em suas aulas. Ela começa, então, a criar um anúncio de "primeira classe gratuita" para mulheres entre as idades de 24 e 35 anos que vivem em uma área de 20km de sua academia, com interesse em esportes e dança.

Esse novo exemplo destaca outra vantagem das ferramentas de *marketing* digital: a capacidade de atingir um público de maneira extremamente precisa. De fato, graças às ferramentas oferecidas pelo Facebook, Luma tem a certeza de se comunicar diretamente com seu público e não perder tempo nem dinheiro.

Para ir mais longe no exemplo, imagine que Luma perceba que muitos de seus membros vêm às aulas para perder barriga após a gravidez. Ela poderia usar essas informações para segmentar mulheres esportivas que acabaram de ter um filho: graças às informações que os usuários compartilham nas redes sociais, Luma poderia segmentar apenas as mulheres que acabaram de ter um filho e que praticam esportes (por exemplo, elas curtiram a página de uma marca esportiva conhecida e adicionaram um "Evento de Vida: nascimento" em seu perfil).

O que devemos manter em mente aqui é que o *marketing* digital permite uma segmentação extremamente precisa de clientes em potencial. Essa segmentação é muito poderosa do ponto de vista do *marketing*, porque permite que a empresa concentre todo seu orçamento de *marketing* em um público mais restrito e relevante e, assim, não o desperdice.

MAIS DADOS

Em nosso exemplo de distribuição de panfletos, surge uma pergunta: Como Luma pode garantir que essa estratégia seja eficaz para sua loja? Como ela poderia calcular seu retorno sobre o investimento? De fato, talvez ela veja um aumento de membros no clube, mas como pode ter certeza de que isso se deve à distribuição desses mesmos panfletos?

Ao contrário, se Luma faz sua publicidade no Facebook ou no Google, as várias ferramentas digitais que ela tem à sua disposição lhe oferecem diversas informações que não teria conhecido com a distribuição de panfletos: número de visualizações e cliques nesses anúncios, o orçamento gasto e, mais importante, o número de novos inscritos.

Outra vantagem oferecida pelo *marketing* digital é a capacidade de medir com facilidade e rapidez seu retorno sobre o investimento, além de coletar dados importantes sobre sua estratégia de *marketing*. Por exemplo, Luma pode rapidamente concluir que, se 100 cliques em um anúncio lhe custaram € 3,22 e que isso representa uma média de 2 novas inscrições no curso de zumba (que eles ganham € 15/mês), ela sabe que seu novo investimento é interessante. Por outro lado, se a maioria desses novos clientes vem do Facebook e não do Google, Luma saberá que ela deveria investir mais na rede social de Mark Zuckerberg.

Se ela quiser ir mais longe e otimizar suas conversões, Luma pode até prosseguir para o "teste A/B". Em suma, o teste A/B consiste em criar duas versões (aqui duas versões de anúncios no Facebook) que alternarão continuamente, para descobrir qual delas é a mais eficaz. Pode-se, por exemplo, exibir uma imagem com uma proposta do tipo "10% de desconto por 6 meses", enquanto a outra exibe um vídeo no Facebook com a mensagem "primeira sessão livre". Depois de algum tempo, se ela perceber que o segundo anúncio traz mais cliques, ela pode decidir exibir apenas este.

Aqui, vemos que as ferramentas digitais fornecem excelentes informações sobre os motivos que levam seus clientes a se registrarem em sua academia, informações que ele nunca poderia ter com a publicidade "clássica".

Além disso, os dados coletados permitem que as empresas analisem rapidamente seu retorno sobre o investimento e, assim, otimizem suas campanhas para obter melhores resultados e gastar menos dinheiro.

MARKETING DE CONTEÚDO

Toda essa metodologia do *marketing* digital também pode ser utilizada para o *marketing* de conteúdo, especialmente nos casos de profissionais que atuam nas áreas de saúde, educação e profissionais liberais: educadores, médicos e terapeutas em geral e todos os demais profissionais liberais.

CONCLUSÃO

As empresas que exploram o *marketing* digital têm vantagem sobre seus concorrentes por um motivo simples: uma estratégia incorporando o *marketing* digital tem custo muito mais baixo e oferece melhores resultados do que uma estratégia de *marketing* "tradicional".

Independentemente do tamanho da empresa ou da indústria, um melhor direcionamento de clientes em potencial e uma abordagem diferente (*inbound*), menos invasiva, podem alcançar mais resultados e, ao mesmo tempo, desperdiçar menos dinheiro.

Além disso, o *marketing* digital permite entender melhor as expectativas de seus clientes e, assim, oferecer um serviço ou produto melhor, graças a dados objetivos e mais numerosos. Por outro lado, a capacidade de otimizar campanhas de *marketing* quase instantaneamente também reduz os custos.

Uma observação: o *marketing* tradicional não deve ser deixado de lado. Algumas campanhas de TV ou rádio ainda fornecem excelentes resultados. Simplesmente, é fundamental que uma empresa integre o digital em sua estratégia se quiser continuar crescendo.

Concluindo, o caso citado da academia de *fitness* da Luma, quer seja em São Paulo, quer no Rio de Janeiro, Bruxelas ou Paris, ou seja, em qualquer lugar do mundo, serve também de modelo para médicos, hospitais, lojas, agências de viagem. O profissional ou o gestor da empresa, loja, ou comércio em geral deve transformar-se em novo líder, com uma visão do mundo das redes sociais e focar no *marketing* digita. Para isso, esse líder deve estar preparado para atuar nesse novo mundo digital que a cada dia se transforma de forma exponencial e, com isso, o líder de *marketing* digital deve aproveitar com excelência os recursos que as redes digitais oferecem.

BIBLIOGRAFIA

1. https://www.statista.com/statistics/264810/number-of-monthly-active-facebook-users-worldwide/

2. https://www.digitalinformationworld.com/2019/01/how-much-time-do-people-spend-social-media-infographic.html

3. https://animoto.com/blog/business/state-of-social-video-marketing-infographic/

4. https://www.thinkwithgoogle.com/marketing-resources/micro-moments/mobile-shoppers-consumer-decision-journey/

5. https://www.emarketer.com/content/more-product-searches-start-on-amazon

6. http://lexicon.ft.com/Term?term=digital-marketing

CAPÍTULO

11 Liderança e Sucesso

Ricardo Santos

Não existe certo ou errado tratando-se de liderança, principalmente no que diz respeito a métodos de trabalho e estilo de gestão, mas, sim, características comuns identificadas nas pessoas de alto desempenho em suas respectivas áreas de atuação.

A liderança exercida por alguém, seja ela boa ou ruim, pode ter surgido naturalmente pela tomada de decisões assertivas ou ter sido buscada através de foco e planejamento. Outras pessoas tiveram o que chamo de sorte, que é quando uma oportunidade encontra alguém preparado ou, pelo menos, que a agarra e vai preparando-se pelo caminho. Seja como for, é preciso estar preparado para os desafios atuais e antever os que certamente chegarão, destarte que, assertivamente, distinguirão os amadores dos profissionais.

Entre essas características comuns a líderes, milionários e bem-sucedidos, destacamos algumas.

Resistência – toda pessoa em destaque sofre ataques, acusações, críticas, puxadas de tapete, cobranças, exposição na mídia, pressões políticas e de todo tipo, principalmente hoje com a velocidade das notícias pelas redes sociais. Pessoas que têm resistência, que não caem diante do primeiro ataque, são firmes, decididas e solidificadas, que conhecem a si mesmas e aos outros (amigos, inimigos, concorrentes, parceiros, clientes, fornecedores), certamente liderarão por mais tempo do que a que sabe "bater", mas não sabe "apanhar". Assista a lutas de boxe ou UFC para comprovar. Um lutador

150

apanha, apanha e apanha para valer, mas não cai, não se rende, não se entrega, sabe absorver os golpes, até que com um contragolpe derruba o adversário e vence a luta.

Decisão – o líder decide que seu dia será bom, feliz, vitorioso, de resultados, desde que levanta da cama. Ele é resoluto de que nada vai demovê-lo de seu objetivo. O líder vencedor não se move reativamente, mas é ativo, proativo e dita as regras, independente dos problemas, dos confrontos, das oposições, dos sentimentos de inveja, perseguição, deboche ou ironia. Ele tem inteligência emocional e autoconhecimento. Ele se domina em vez de ser dominado por sentimentos de raiva, furor, retaliação, vingança, autoritarismo, autoafirmação e autodefesa. Equilíbrio é a palavra-chave. Muitos líderes que conseguem seu cargo através do CV (*curriculum vitae*) e do QI (quociente de inteligência) o perdem por causa da IR (inteligência relacional).

Autoconhecimento – saber quais são seus pontos fortes e os fracos, seus limites e seus sonhos, seu suporte e sua equipe é marca da liderança eficaz. Assim, buscam-se, à medida da necessidade, parcerias, sociedades, contratações, alianças e conselheiros a fim de chegar aos resultados estabelecidos. O líder pode até ser solitário em alguns momentos e para algumas decisões, mas nunca anda sozinho nem faz nada monocraticamente. Todos os líderes de destaque têm um time competente da sua mais alta confiança.

Foco – ser especialista em uma área e conhecer todos os processos e áreas do negócio são imprescindíveis. Saber fazer outras atividades não é excludente do foco. Aliás, é aliada. Mas saber seu dom, sua especialidade, o local onde se sente seguro e confortável, onde domina e tem a capacidade de resolver qualquer situação sem ser pego de surpresa é fundamental e decide a manutenção da liderança.

Preparo – uma pessoa preparada e que constantemente se atualiza, estuda, pesquisa, pergunta, busca conhecer, informa-se, vai a fundo na questão, aprende, cresce é uma verdadeira líder. Líder é quem está a dez passos à frente, sabe para onde vai, tem fundamento, alicerce, conhecimento, não só local, mas internacional, não apenas do assunto que diretamente lhe diz respeito, mas todos que de alguma forma lhe garantam aproveitar oportunidades e sejam ferramentas de bons negócios.

Visão – o líder deve ser visionário. Ele enxerga o que mais ninguém vê até ser contagiado e atraído pelo futuro que ele tem habilidade de trazer ao presente e materializar em palavras e projetos. Ele acredita, vê, imagina, toca, sente, transpira, deseja e saboreia sua visão.

Hobby – a mente precisa se reciclar, descobrir, ser desafiada, relaxar, divertir-se. Ter um *hobby* é essencial para não entrar em parafuso, para enxergar tudo de outro ângulo, para relacionar-se com ou sem intenções negociais. Escrever, ver filmes, jogar golfe ou praticar algum outro esporte, colecionar algo, viajar são exemplos de *hobbys* que o líder pode ter. Aqui também se encaixa um trabalho solidário, voluntário e beneficente, seja semanal, seja mensal, semestral ou mesmo anual.

Família – a família é o porto seguro, é a motivadora para tudo que o líder faz, a razão para tudo, é o lugar onde mais as nossas habilidades são testadas, é lugar de aprendizagem e docência, é onde somos nós mesmos, relaxamos, vivemos o amor, a alegria, a comunhão, os laços emocionais. Nenhum sucesso financeiro ou profissional justifica o fracasso no casamento e na família. Nenhum volume financeiro tem mais valor que nosso lar. Família é o que há de mais precioso e que dinheiro algum pode comprar.

Serviço – o líder atual é o líder servidor, que ouve, entende e atende. Ele é livre de arrogância, prepotência, altivez, apesar de ter postura e sobriedade. Sabe do seu poder, da sua posição, tem sensatez e responsabilidade, mas não perde o bom humor, chama as pessoas pelo nome, sabe de seus dilemas, surpreende positivamente, cria laços de amizade, além de empresa/negócio.

Conexão transcendental – cedo ou tarde e quanto antes se começa melhor. Todos os líderes, independente do país em que vivem ou da religião que praticam, buscam uma conexão com o sagrado, com o divino, com Deus. Eles reconhecem que há situações, questões e pessoas que fogem do seu controle e da sua alçada e, com inteligência e uma fé racional, procuram direção, paz, alívio, renovação e confirmação. Aqui entram como rotina a oração, a meditação nas Escrituras Sagradas (Bíblia) e outras obras que edificam, relaxamento, ioga, seguidos de exercícios físicos, caminhadas, corridas, treinamentos, lutas e tudo o que conecta corpo, mente e espírito. Não há líder completo que não se espelhe no Líder Maior que dividiu a história da humanidade em antes e depois dEle.

Inovação – a liderança diferenciada usa sua capacidade intelectual, exige mais do seu cérebro, acredita na sua intuição, segue os *insights* divinos em seu coração e mente. O cérebro quer economizar energia, quer inércia, procrastinação, portanto é preciso "enganá-lo" e treiná-lo para que se torne eficaz e produtivo, além de inovador. Os líderes aprendem outra língua, e mais outra, fazem intercâmbio em países e culturas diferentes, são curiosos, perguntam. Sim, fazem muitas perguntas inteligentes, diretas, curiosas ou uma, de acordo com a oportunidade rara diante de algum exponencial em determinado assunto do interesse deles. Se preciso, eles simulam um encontro para saberem de antemão o que perguntar e como perguntar. Talvez nesse encontro tenham 2 minutos, mas se preparam para uma interação de 10 segundos na subida do elevador.

Criação – o líder é aquele que faz algo que seja resposta e solução ao anseio da sociedade, que resolva problemas e supra alguma falta. De maneira incontestável e efetiva, o mundo aguarda produtos e serviços criados para seu bem-estar, saúde, conforto, produtividade, uma vida mais segura, e sequer terá de ser convencido da sua importância ou da necessidade de consumi-lo ou adquiri-lo, pois ansiava por essa solução. Por mais que você já tenha feito, faça mais, porque você pode mais. Vá além, ansiamos por isso.

Networking – todo líder relevante guarda sua rede de contatos a sete chaves e a cultiva constantemente, retribuindo, visitando, presenteando, repartindo, sendo gentil, presente e mantendo a relação equilibrada. Nenhum deles entra em contato apenas quando precisa ou está envolto em algum imbróglio, mas faz questão de honrar e valorizar seu maior bem, os amigos. Eles demonstram interesse nas pessoas do seu relacionamento, não simplesmente no que elas podem oferecer. A inverdade exala um cheiro que se sente de longe. Assim, elas mantêm as informações desse *networking* atualizadas, inclusive a respeito de familiares e dos negócios dessa rede. Elas se cercam de pessoas maiores do que elas, às quais admiram e, assim, crescem, aprendem e acessam o que há de melhor.

Tecnologia – estar onde as pessoas estão, seja no mundo real, seja no mundo virtual. Assim é o líder do presente século, conectado, usando as últimas ferramentas tecnológicas ou inventando-as. Entender seu público, colocar seu negócio na vitrine do mundo, facilitar processos, desburocratizar, simplificar, potencializar. Esse é um caminho sem volta e totalmente bem-vindo. O líder de sucesso é 100% tecnológico. **Líder 4.0**.

Sucesso – é quando se sente satisfeito, entende-se que é rico quem menos precisa e não quem mais tem, é alcançar seus alvos e ficar bem na alma, é ver a família te aplaudindo e admirando, é perceber que alguém que você ensinou aprendeu tão bem que está ficando maior do que você e isso lhe trazer orgulho, é não competir por *status*, mas pelo conteúdo que será melhor para as pessoas, é realizar o sonho de alguém ou impulsioná-lo, é tirar férias e desfrutar delas, totalmente desligado do resto do mundo, é dormir sem medicamentos que o apaguem, é comer em boa companhia e saborear o alimento sem etiqueta ou cerimônia, é viver sem depressão (excesso de passado) e sem ansiedade (excesso de futuro), é ser livre desfrutando da viagem enquanto não chega no destino, é amar as pessoas e usar o dinheiro, não o contrário, é saber que sua prosperidade é um dom de Deus, por fim, é seguir o seu propósito!

BIBLIOGRAFIA

Santos R. Os 8 segredos do sucesso financeiro. São Paulo: Biografia; 2017.

Parte 4

Como Construir-se a Si Mesmo como Líder Padrão Mundial

CAPÍTULO

12 Motivação para Liderança e Inovação

Rosanna Venezia

PRELIMINARES

Quando se é criança tudo parece ser mais fácil de realizar, ter o emprego dos sonhos, ter o carro que deseja, construir a casa que sempre sonhou em ter, o problema é que, à medida que o tempo vai passando, você vai crescendo, ficando mais velho, as responsabilidades vão aumentando e você começa a encarar a vida como realmente ela é. Aqueles sonhos que pareciam tão fáceis de realizar quando criança, agora, você acha que talvez não possa realizá-los.

O dia corrido e agitado pelo trabalho, as responsabilidades, as dívidas que somam juros todos os meses, a falta de esperança e de expectativa por um futuro melhor, tudo isso são fatores que fazem, muitas vezes, com que você se conforme com a vida que tem e guarde seus sonhos trancados na gaveta com cadeados e jogue as chaves em pleno mar; ao fazer isso, você está deixando de viver e passando a sobreviver.

O que você tem feito hoje para mudar sua história, sua vida? Lembrando que ela é seu maior patrimônio.

Para se viver a vida é necessário olhar para a frente, mas para compreendê-la é necessário também olhar para trás. Daqui há alguns anos ao olhar para trás e contemplar o dia de hoje, como você se sentirá a respeito desse dia. Por acaso será lembrado como um dia que deve ser relembrado?

157

Haverá alguma coisa no dia de hoje que fará com que venha a ser diferente de todos os outros dias de sua vida?

Mais importante ainda, como você contemplará esse dia, com alegria e felicidade, ou com peso no coração?

Existem muitas informações no dia de hoje sobre as quais você não tem controle algum, contudo é que na realidade, a par disso, existem também outras questões que você pode controlar. Tudo é uma questão de decisão. Você tem hoje a oportunidade de tornar essa data memorável e, ainda mais, a chance de fazer com que este dia venha acrescentar valores preciosos não apenas para sua vida, mas também à vida de outras pessoas.

Pense, reflita com profundidade, o que você faria hoje que o tornaria capaz de contribuir para exercer uma influência realmente positiva sobre o resto da tua vida e que possa te tornar em um grande líder de padrão mundial.

DIA DA DECISÃO

Hoje é o dia da decisão. É a oportunidade de começar a fazer a tal diferença, uma vez que o dia de hoje se encerrará e nunca mais voltará, e será apenas lembrança.

No entanto, pelo fato de ainda estar presente, você tem diante de si um mundo de oportunidades e possibilidades. Essa é sua chance de acreditar, ter fé, decidir e agir. Se você se perdeu em algum momento da sua vida, não se preocupe, apenas retome o caminho e comece de novo, a vida é simples, então não a complique, decida não esperar as oportunidades, mas ir buscá-las.

Nossa vida, conduzida para o sucesso, é uma espiral positiva, que vai crescendo e subindo, ampliando-se progressiva e sucessivamente. Na espiral positiva o crescimento é constante e progressivo, ou seja, seu círculo de amanhã será maior, e assim sucessivamente, em todo o Universo. É a espiral constante da criação e da expansão do desenvolvimento. Você não vai parar sua construção, pois essa fórmula matemática é do Criador do Universo, que a impregnou na lei do eletromagnetismo, ou lei da atração universal, ou seja, é uma constante universal de crescimento e desenvolvimento, e isso gera, constantemente, oportunidades e possibilidades.

Decida ver cada problema como uma oportunidade de encontrar uma solução. Ver cada deserto como a oportunidade de encontrar um oásis; decida ver cada dia como uma oportunidade de ser feliz.

E tenha em mente que o que você é e tem hoje são resultados de decisões que tomou no passado, e o que você vai ser amanhã, sem sombra de dúvida, será consequência de decisões que tomar hoje.

Seja hoje a diferença que você quer ter e ser em sua vida. Então decida não dormir apenas para descansar e, sim, simplesmente para sonhar. Mas o mais importante é ter fé. Os motivados enxergam oportunidades nas dificuldades, enquanto os desmotivados enxergam dificuldades nas mesmas oportunidades; os positivos fazem, os negativos reclamam. É importante ser um influenciador para novos líderes. É de cada ser humano construir toda uma estrada em que irá trilhar. Ser um realizador requer que "pense grande, comece pequeno, mas seja constante, ascendente e rápido".

Lembre-se "TODO DIA É DIA DE SUCESSO, CRESCIMENTO E DESENVOLVIMENTO para o Universo, incluindo você". "Todo dia é dia de sucesso".

AQUI E AGORA

O passado não existe mais, e o futuro ainda não chegou, nem sabemos se chegará. Portanto, o que existe na realidade é o PRESENTE, ou seja, o aqui e agora. O tempo para agir em busca da realização, sucesso e prosperidade pessoal e profissional não é para amanhã, é AGORA. Se não construirmos no presente não teremos o futuro. E faça tudo intensamente, sem medo do amanhã. Viva a vida como tem que ser, a alegria é duradoura, só depende de você para ela estar ao seu lado. A felicidade é companheira, é o caminho, a experiência.

Seja fascinado pelo realizar, que o dinheiro virá como consequência. Trabalhe muito, coloque todo seu foco, sua força, sua fé, porque sem fé não se acredita, se não acredita não terá sentimentos e sem sentimentos e vibração nada é possível.

O futuro é sempre uma projeção, mas o presente é a realidade. O agir criativo, com fé, deve ser colocado imediatamente em ação, neste momento, "agora".

Trace metas, tome atitudes e decida fazer AGORA. É hora de reiniciar seu jeito de olhar o mundo, ele pode ser aparentemente igual, mas diferente em essência e profundidade.

Aja agora e produza o ambiente de ação instantaneamente. Aplique toda sua mente criadora na ação. Pensamento, sentimento, vibração e ação.

Tire o passado da sua mente. Pense, imagine e construa sua ação rapidamente. Construa AGORA. O universo gosta de velocidade. Mantenha sua visão no sonho, mas a construção tem que iniciar agora.

Pratique suas ações de maneira correta. Não sinta medo, pois ele é nosso pior inimigo, e não fique se lamentando, murmurando, pelo contrário, seja positivo. Declare com fé, como se já fosse, e veja com os olhos espirituais seus sonhos realizados.

Mantenha a visão em si mesmo, no negócio certo e AJA como se já estivesse nesse negócio. Use seu negócio ou emprego atual para conseguir outro melhor. Lembre-se de que quem não realiza o próprio sonho será usado para construir os sonhos de outros.

Desde que o mundo é mundo, somos por duas situações opostas, o bem e o mal. A escolha entre ser otimista ou pessimista é da própria pessoa, portanto é de cada ser humano a opção de construir toda uma estrada em que irá trilhar, por isso é importantíssimo planejar e construir-se a si mesmo.

GRATIDÃO PERMANENTE

Ao se levantar de manhã, agradeça pela luz, pela sua vida e força, dê graças pelo seu alimento e pela alegria de viver, pois a gratidão é uma poderosa lei do universo. Se você não ver nenhuma razão para dar graças, então a falência encontra-se em você mesmo. Não deixe que isso ocorra, levante-se, agradeça, desperte para esse novo mundo de realizações. Seja sempre grato, planeje sua vida, trace metas e objetivos e motive-se para ser um líder padrão mundial. Construa-se e faça tudo intensamente, não perca tempo com ilusões ou com fracassos já vividos.

A alegria é duradoura e só depende de você para que esteja ao seu lado; a felicidade é companheira, conte com ela, pois não existe nada que um sorriso não resolva, portanto, pare de esperar. O momento é agora, pare de adiar o seu sucesso.

Apaixone-se pelo seu novo ser e pelo fazer acontecer que a prosperidade chegará até você. Não adianta reclamar com Deus, você não pode mudar o fato que o resultado só vem com o trabalho e que normalmente o resultado costuma ser proporcional a dedicação, foco e esforço que colocar em ação. Isso é inegável, existe uma classe de profissionais de sucesso que está explorando a vertical, o motivacional, faz isso muito bem; enquanto muitos os criticam aqui e ali, eles seguem irremovíveis da convicção de que o trabalho com alegria gera resultado. Essa é uma lição e tanto para mim e para você. Mude seu jeito de olhar o mundo. O mundo pode ser igual, mas diferente pelo seu olhar. Crie sua marca, crie seu *branding* de sucesso.

MOTIVAR É UMA ATITUDE

O passo primordial é assumir a postura de que motivação é uma atitude, ou seja, não há como se motivar ou motivar alguém e manter a motivação em níveis compatíveis com o desempenho esperado se não houver o firme compromisso e a forte ação pessoal nesse sentido. Porque somos fortemente influenciados por nossas emoções, e essas, por sua vez, podem oscilar tanto e em poucos instantes, portanto, é muito perigoso depender de sentir ou não vontade para realizar o que precisa ser feito; logo, não dá para depender apenas da vontade ou do imaginário para colher bons frutos.

Saiba, motivação é uma atitude, porque os resultados chamados de sucesso costumam exigir que faça rotineiramente uma série de atividades, e qualquer meta considerada impossível é uma oportunidade esperando para ser descoberta.

Imagine o incrível poder de dizer eu posso, eu quero, eu consigo. É fácil dizer não para evitar o desafio e o esforço, valorize sua energia épica, enquanto a tem. Encante-se com o sonho, porque quando isso lhe fugir você vai querer mover o céu e a terra para tê-lo de volta.

O mundo está mudando muito rápido, ou corremos agora ou iremos correr atrás, conecte-se ao novo futuro, nunca deixe que seja desligado. Seja humilde para admitir que precisa melhorar. Lembre-se sempre, a vida é dura e não perdoa os perdedores, e ser positivo não é achar que perder é normal, bom ou saudável, mas confiar que pode buscar a realização obstinadamente até conseguir. Um dia sua vida, seu sucesso e seu trabalho podem depender desse entusiasmo que vem de dentro.

Existem momentos em nossa vida em que precisamos provar para nós mesmos que somos capazes. Essa é a hora que trabalhamos para o nosso ego, fazemos e realizamos por nós. Construa-se a si mesmo. Essa é a hora em que começamos a evoluir e entender que não vivemos só. Quantas vezes por estarmos vivendo em certo patamar e acharmos que somos fortes e donos da razão, superiores em tudo e a todos e que não precisamos de ninguém porque achamos que o que temos foi conseguido sozinho, isso é ilusão.

Entenda, não podemos encarar a vida sozinhos, pois não conhecemos o amanhã. O que poderá nos acontecer. Existe uma etapa em que descobrimos um novo desafio que é fazermos as ações através das pessoas, usando seus cérebros, e permitindo a eles a utilização da lei universal do aprendizado; que errem, mas que façam, procurando ser assertivos. Cuide apenas para que as pessoas saibam administrar suas vaidades, elas são necessárias, mas na dose certa.

Jamais limite pessoas, mas aja sempre as incentivando. Jamais as policiando, mas sempre decidindo junto. Podemos comparar a vida a uma peça de teatro, na qual cada um representa seu papel, que pode ser de ator principal ou de mero coadjuvante, somos nós que escrevemos a história de nossa vida, dia após dia, quando tomamos nossas decisões e fazemos opções.

Muitos se abatem, se recolhem, são aniquilados por sua própria versão imaginária de que nada podem fazer, a não ser entrar em conflito com o próprio mundo e consigo mesmo. Um grande passo para o fortalecimento pessoal é exatamente a compreensão de que a vida é um contínuo desenrolar de altos e baixos, erros e acertos, perdas e ganhos. Não se pode ganhar sempre, como também não se pode perder sempre. São dois lados da mesma moeda que sugerem a complementação e a maturidade à nossa existência.

O que eu quero hoje é tratar, mostrar, que, apesar de todos os motivos que temos para desistir, sempre haverá um motivo que nos faça mudar e vencer na vida. Somos seres humanos, erramos, sentimos dor, sentimos medo, podemos mudar agora e ser feliz, ou podemos ficar trancados em nosso quarto; podemos acreditar em nossos sonhos ou podemos ficar sentados no sofá apenas pensando no sonho imaginário. Podemos mudar nossos caminhos, ou podemos fazer o mesmo caminho de sempre.

Podemos viver a vida ou apenas passar por ela. O que você escolhe?

Podemos ser o que quisermos, ou podemos não ser nada. Eu fiz a minha escolha, eu venci, eu vivo, eu acredito que hoje eu posso, eu quero, eu vou tentar de novo, porque o que me resta é ser feliz, o resto é apenas consequência.

CORAGEM

A palavra coragem é muito interessante, ela vem da raiz *cor*, e significa coração. Portanto, ser corajoso significa viver com o coração. E os fracos, somente os fracos, vivem com a cabeça, receosos, eles criam no entorno deles uma segurança baseada na lógica, com medo, fecham todas as janelas e portas com teologias, conceitos, palavras, teorias, e do lado de dentro dessas portas e janelas fechadas eles se escondem. O caminho do coração é o caminho da coragem, é confiar e enfrentar o desconhecido, é deixar o passado para trás e deixar o futuro ser o que se desenhou.

Coragem é seguir trilhas perigosas, a vida é perigosa, e só os covardes podem evitar o perigo, mas aí já estarão mortos, a pessoa que está viva, realmente viva, sempre enfrenta o desconhecido, o perigo está presente, sendo inerente ao risco de qualquer profissão, mas o corajoso assume o risco de ser e de fazer, o coração está sempre pronto para enfrentar riscos, o coração é um jogador, a cabeça é um homem de negócios, ela sempre calcula, ela é astuta, coração não calcula nada, apenas vibra na frequência do desejo de se autorrealizar.

Coragem significa enfrentar o desconhecido apesar de todos os medos, coragem não significa ausência de medo, ausência de medo acontece se você passa a ser cada vez mais corajoso, essa é a experiência máxima de coragem, a ausência do medo. Nunca se sabe se você será capaz de fazer isso ou não. É um jogo arriscado, mas só os jogadores sabem o que é a vida! Você é daquele que só recua se for para pegar impulso? e daí projeta-se e ultrapassa com toda força, prosseguindo de cabeça erguida seu maravilhoso caminho difícil, em busca dos seus objetivos?

QUAL SEU LEGADO

Você é um vencedor! Os vencedores vencem por se sacrificarem em busca do que querem, sacrificam o que são e o que gostam para se tornarem aquilo que querem, ou seja, tornarem campeões da mente, do coração e da vida.

Vencedores sabem que não há glória sem sacrifícios, enquanto o tempo passa, você também corre o risco de passar, como quer ser lembrado? Como quer chegar aos dias de idade avançada, sorrindo em um pódio, ou simplesmente assistindo quem está lá. Não deixe que nada o impeça, não seja parado, não se permita desistir, mas, como eu já disse anteriormente, você é um vencedor, você não vai desistir, posso te dar uma dica, diga a si mesmo, todos os dias, com toda a força, determinação e convicção, não estará acabado até que eu vença! Eu vou viver o meu sonho! Transforme oportunidades ou qualquer movimento seu, veja o lado positivo das coisas e assim tornará seu otimismo uma realidade.

Nunca inveje ninguém, em vez disso, admire-o. Não acumule fracassos e sim experiências, tire proveito dos seus problemas e não se deixe abater por eles. Tenha fé e energia, acredite, você pode tudo que quiser! Pare com esse *mimimi*. Pare, chega de dizer que não pode, que já desistiu, chega! Quem disse que você precisa sofrer sem necessidade, quem disse que você precisa passar por isso para alcançar o paraíso. Amigo acorde, viva, liberte-se! Siga com seus planos, e mesmo sozinho apenas não pare, e ame antes de tudo a você mesmo.

O tempo passa rápido demais, não fique no acostamento pedindo coragem para a vida. Não podemos parar nunca de procurar o rumo da vida, seja proativo, assertivo e construa-se a si mesmo como líder da sua própria vida, da sua profissão. Torne-se uma referência de liderança padrão mundial. Deixe um legado para seus liderados.

Na verdade, o melhor da vida é sempre o agora, o tempo, todo o resto são questões triviais, então se levante e parta em busca de seu espaço de satisfação, e não se permita desistir; sim, exerça a lei da reciprocidade, porque sempre que você caminha cabisbaixo e sempre que você não oferece um sorriso aberto ao mundo e às pessoas você está desistindo.

ENTUSIASMO

Abrace o mundo a toda hora, porque a vida é um momento só, somos todos um só, e que não para nunca, só depois que o tempo passa é que percebemos a quantidade de oportunidades que deixamos para trás, por puro medo de tentar, por medo de receber um não, parece mais fácil se conformar com a situação, tal como está, do que ir em busca do sucesso. Pense, se você não tentar já terá assumido o fracasso como inevitável.

Lembre-se, você não está sozinho! Viva com entusiasmo, acorde todos os dias sorrindo, de bem com a vida, pense em estar despertando mais uma vez, pense nas belezas que tem pela frente, não importa a situação. Você está vivo, você venceu mais uma vez, está acordando para um novo dia, uma nova consciência ou, melhor, com a consciência renovada, e em tudo que fizer coloque toda sua energia, toda sua vontade de viver, toda sua vibração, toda a vontade de fazer o melhor, faça com entusiasmo, viva com entusiasmo.

ESCOLHA SER VITORIOSO

Escolha hoje ser vitorioso, escolha hoje ser um vencedor, o que tiver que fazer, faça, mas faça com entusiasmo, lembre-se que você é racional, você raciocina com lógica e tem conhecimento, portanto não se iluda com ideias mirabolantes e cheias de facilidades que aparecem todos os dias prometendo solucionar seus problemas e dificuldades, como em um passe de mágica; porém, acredite em você, no seu potencial, na sua inteligência; analise tudo com sabedoria e aja com segurança e de forma perseverante.

Faça tudo com entusiasmo, mas nada por ilusão, e fuja das fantasias, pois é a maquiagem do fracasso, saiba que nunca todas as variáveis vão estar em perfeitas condições, sempre vão existir desafios, obstáculos e condições negativas, e daí, só depende de você que é o ator principal da sua vida. Tudo depende das suas escolhas.

Tem que decidir, então vá sem medo, e pare com essa mania de esperar tudo cair do céu. Não perca oportunidade de hoje entregar seu melhor, e no final, com certeza, será um sucesso.

Faça mais e acredite mais; mude completamente seu comportamento e verás que o universo irá conspirar a seu favor. "Tudo coopera para o bem daqueles que trabalham".

Vá e se prepare, seja um líder padrão mundial: prepare-se, construa-se mesmo que seu redor não lhe pareça favorável. Nada é impossível a quem acredita. Tenha fé.

Você tem que ser corajoso o suficiente para compartilhar seus objetivos e pensamentos que surgem em sua mente, porque você sabe que um dia eles serão uma realidade.

Coloque sentimentos e comece a vibrar; vibre muito e o universo cooperará contigo e trará teus sonhos até você. E o Eu Divino que habita dentro de cada um de nós estará em comum acordo, dando-lhe intuições e mostrando o caminho das mudanças necessárias, mudanças de hábitos e de vida, proporcionando-lhe sucesso, prosperidade, abundância e plenitude em tudo que realizar.

Perceba se você tem pessoas em sua vida, em seus círculos de relacionamentos, que respondem negativamente; tem que perguntar para si se essas são as pessoas certas para levar você adiante, se devem estar no seu projeto de vida e de liderança e inovação de sucesso.

Tenha a certeza de que tudo o que as pessoas com quem você gasta tempo estão fazendo está te influenciando. Se reclamam que estão cansadas, então você também se sentirá cansado. Se elas reclamam que a vida é muito difícil, você pensará o mesmo, então é hora de fazer uma mudança.

Não tenha medo de viver seu sonho, seu objetivo, e saiba, não há certezas, apenas tentativas, tudo depende do que você decide nesse exato instante, cada dia tem seu segredo, delicioso, mágico. Preste atenção aos detalhes de seu dia, todos são especiais.

Se realmente você quer algo, deseja com sua alma, arrisque-se, não sinta culpa; perdoe-se primeiro, depois ao próximo, pense em sua felicidade, não importa a duração e sim a intensidade dos sentimentos. Programe-se para dar a virada em sua vida, vale a pena. Jamais deixe de aproveitar as oportunidades da vida por puro medo. Ninguém te põe para dormir contando as estorinhas preferidas.

Ao ir à luta você perde todas as regalias e começa a ser responsável pelo que cativou. Você cresce, aprende, erra, acerta e ganha; todo dia você pode se considerar um vencedor, pelo simples fato de estar vivo, e essa é a melhor recompensa. Não basta você tentar, tem que lutar para se ter o que quer. Então vá e não desista nunca, e se você perdeu tudo, menos a fé, então nada está perdido.

Mantenha pensamentos positivos, amorosos, e os sentimentos vibrantes, em relação a tudo, não só em seus objetivos e metas, e verá lá na frente sua nova realidade! Pense nisso, e faça o amanhã acontecer.

Você não precisa da crença dos outros para acreditar em si mesmo, só precisa entender que você é melhor do que é capaz de imaginar. Jamais permita que pessoas de fora possam mudar o que há dentro de você, jamais permita que pessoas negativas tirem o que há de positivo em você, entenda que haverá períodos de lutas nos quais você não saberá o que fazer, mas busque dentro de si suas próprias respostas.

NÃO TENHA MEDO. USE-O A SEU FAVOR

Haverá tempo de medo e desespero, aprenda que o medo pode ser seu amigo e vá em frente, vá com medo mesmo. Entenda que pode usar todo esse medo a seu favor.

Você tem medo do fracasso? Parte do fracasso é o segredo para o sucesso, o fracasso faz parte do processo de realização, não deixe que suas falhas o mandem para baixo, levante-se cada vez que cair, limpe-se, tome nota da lição e continue tentando.

Tente olhar pelo lado positivo. Sempre haverá um lado positivo. Não permita que pessoas que não somam em nada na sua vida diminuam aquilo que já existe em você. Não deixe as pessoas decidirem seu futuro em seu lugar. Ninguém precisa acreditar em você, só você precisa acreditar. Não permita que ditem regras para sua vida, crie seus próprios princípios. Crie seus próprios valores.

Esqueça o mundo, pense que o mundo é VOCÊ! Lute, persista, caia, levante-se, mas jamais desista.

Por vezes, os pedregulhos dificultam nossa caminhada, mas alguns, por serem grandes demais, nos forçam a escalá-los. E no esforço da subida, no final, nos possibilitam enxergar além, mais além, e nos brinda com a exuberância da visão panorâmica.

Reclamar dos problemas? Não, não faça isso; supere-os com bons olhos e sempre haverá algo a aprender e energia para vencer. Às vezes criamos histórias em nossas cabeças que justificam nossos fracassos ou desencontros da vida, justificamos o tempo todo que achamos estar errado e não vamos atrás do crescimento. Paramos no tempo e sofremos com o irreal, achamos algo que ninguém acha, pensamos o que ninguém pensou de nós, julgamos o que ninguém julgou, e vivemos crises de paranoias, que embora não existam, reconheçamos, são apenas nossas caraminholas.

Com relação a essas caraminholas, o conselho que tenho a dar é simplesmente viva. Viva muito, agradeça sempre pelas experiências vividas, elas são suas escolhas e representam seus erros e acertos. Representam você. Não coloque no outro suas frustrações, não as justifique.

Talvez você não tenha conscientemente, mas você tem uma vida. Não importa o quão estranho você possa parecer para os outros, não procure por pessoas, ou lugares para te motivar, motive-se! de dentro para fora, decida de uma vez por toda, decida quem você quer ser. O que você quer ser, apenas decida isso.

Não tenha medo da vida, tenha medo de não a viver em sua plenitude. Não há céu sem tempestades, nem caminho sem acidentes. Só é DIGNO do pódio quem usa as derrotas para alcançar; só é DIGNO da sabedoria quem usa as lágrimas para irrigá-la. Os frágeis usam a força, os fortes, a inteligência. Seja um debatedor de ideias, lute pelo que você ama. Lute pelos seus sonhos e os realize, construa-se como líder.

Deus fez das coisas simples as mais belas. Não permita que nada e ninguém bloqueie seus objetivos, porque tudo só é impossível para quem não tem ação e motivação, hoje pode ser o primeiro dia para as mudanças necessárias em sua vida e que vão te levar à verdadeira felicidade, à verdadeira metamorfose. Mas jamais desista DE AMAR! SONHAR E VENCER!

Faça desse momento único, pois o tempo não para. Seja feliz e receba um milagre de cada vez, as bênçãos que Deus que você vem esperando, e o universo vem preparando para entregá-las a você.

SOMOS SEMELHANTES A DEUS

Deus nos criou semelhantes a ELE. Não para que sejamos perfeitos, mas para que sejamos completos. Você tem o poder de mudar tudo, deixando o passado onde deve estar, agindo no presente, que é a única coisa que você tem, e semeando o futuro.

Tenha uma vida plena, pois a oportunidade já começou no DIA QUE NASCEU! E só vai acabar quando você deixar de acreditar.

Por que muitas vezes somos tomados de grande desânimo? Por que muitas vezes nossa vida parece sem rumo? As respostas para essas perguntas estão concentradas na seguinte assertiva: Porque nos falta MOTIVAÇÃO!

Seja forte e corajoso. Lembre-se, em todos os lugares que Jesus passou ele causou impacto, fazendo mestres se tornarem discípulos e Ele muda vida e realidades.

Deus permite que façamos nossas escolhas, mesmo que na sua onisciência, Ele sabe que elas nos trarão problemas, pois respeita nossas escolhas. Ele é paciente conosco, porque nos AMA! e não fica pensando em nossos pecados. Ele é paz, Ele é esperança. Vamos pedir a Deus para que nos dê sua visão, não a visão física, mas que vejamos nas pessoas a alma que precisa de misericórdia.

Jesus ama o ser humano, não o pecado, Ele não desiste do ser humano, e quer transformá-lo para que possa reaproximar-se Dele.

Por onde passarmos, teremos aflições e dificuldades e por isso precisamos do Espírito Santo de Deus que habita dentro de cada um de nós. Você precisa de Deus. Deus também precisa de você. Presente, fiel, Ele nos dá capacidade, não apenas para lutar por lutar, mas para a vitória e para uma vida plena, abundante e feliz.

O CAMINHO PARA A MUDANÇA

É uma missão difícil, mas possível, pois Deus nos capacitou e capacita quem assim o procurar de todo o coração. Ele é o caminho, a verdade e a vida. Este é um tema interessante, o caminho para a mudança. O poderoso caminho para a realização profissional e pessoal em todos os sentidos.

Nessa jornada uma pergunta muito importante se faz necessária e deve ser feita para você mesmo. Onde começa a verdadeira mudança? Começa com as minhas atitudes? Começa com os resultados? Começa com as pessoas percebendo que eu mudei? Que eu cheguei em algum lugar? Que eu obtive resultados ou tanto faz?

Se você quer realmente mudar ela começa com o jeito que se comunica com você mesmo. Pelo jeito de se comunicar você cria sua realidade.

HÁ QUATRO FASES NA MUDANÇA

Estágio um – eu deveria mudar, a parte realmente triste disso é que 99,9% das pessoas que vivem neste planeta param nesse primeiro estágio. Pessoas que literalmente passam o resto de suas vidas apenas dizendo "Eu deveria Mudar" e aos 80, 90 anos eles estão morrendo e pensando "Eu deveria ter mudado". Isso é realmente triste. Como você pode superar isso? Comece na sua comunicação. Comece nos seus PENSAMENTOS. Se você quer chegar no próximo estágio, que é eu posso mudar, precisa perceber o fato de que a MUDANÇA É POSSÍVEL, isso te abrirá muito mais oportunidades e possibilidades.

Estágio 2 – eu posso mudar. O que te leva ao próximo nível? Tome uma atitude e diga: eu vou mudar! A única coisa que você precisa para passar do estágio 2 eu posso mudar para o estágio 3: "Eu vou mudar" é começar a agir, você percebe que é capaz de mudar, agora é a hora de mover-se, sair da inércia e agir.

Agora é a hora de sair e arrebentar e de fazer acontecer; é hora de ir para colocar em prática tudo o que aprendeu e se preparou. Comece a agir e dê velocidade ao seu plano de mudar.

Parece bom, soa bem. Eu vou mudar não é o mesmo que eu deveria mudar, em algum momento é assim. Eu vou mudar, e o legal é que você se sente bem, se sente incrível tomando atitudes.

Motivação para Liderança e Inovação **171**

Estágio 4 – a última questão e que importa é realmente viver "EU SOU A MUDANÇA". Esta é uma das melhores sensações do mundo. No passado, há milhares de anos, não fomos ensinados a ser passivos. Fomos ensinados e treinados a ser ativos, a sair e caçar para conseguir comida e sobreviver. Somos, literalmente, uma das primeiras gerações que tem sido ensinada como ser passiva e não enfrentarmos coisa alguma. A passividade é disfunção do padrão da humanidade.

Mas, pense assim, "eu não estou nem aí com a passividade, dane-se". Tenha outro padrão para você. Mude seu referencial, seja ativo para conseguir alcançar as mudanças e ver os resultados surgindo, não acaba até que você vença! Pare de ser passivo. Lembre-se de que você nunca mudará se for passivo, isso é o que a maioria faz, procrastinam-se e mantêm um pensamento do tipo talvez alguém venha e me ajude.

Agir não é fácil, não estou dizendo que é, mas estou dizendo que é possível, e isso é tudo que você precisa saber. E a loucura disso é que a maioria vai continuar esperando eternamente por mudanças.

A verdade que incomoda é que a maioria vai para casa e não vai mudar. Vai para casa com todo o conhecimento, talvez alguma efêmera motivação, mas não vai mudar, porque em sua cabeça pensa e espera, a mudança virá até mim, mas isso é ilusório.

A única coisa que promoverá a mudança é você mesmo. Comece a agir e não espere por mudanças instantâneas ou fantasiosas; tem que fazer a mudança você mesmo. Faça acontecer. Você é o autor da sua própria história. Comece a agir, você não pode esperar as mudanças acontecerem, segura as rédeas de sua vida e mude sua realidade.

Como *coach* e mentora, posso te mostrar o caminho certo, a porta certa, mas você tem que estar nesse caminho com seus próprios pés. Tem que andar até a porta e o único que leva a mudança até você é você mesmo! Ninguém mais!

Sim, toda mudança é desconfortável e certamente terá recaídas e irá doer! Mas se aguentar essa dor, você vai mudar, vai se sentir incrível! Deixa-me dizer isso, você vai se sentir especial!

O que você quer? Quer ser um profissional de renome internacional, quer felicidade? Uma vida incrível, cheia de saúde, aventuras? Se sentir realizado? O que você quer?

O que você quer não acaba até que vença!

No final, será sempre um jogo de você com você mesmo. Será sempre Eu *vs*. Eu.

Ao iniciar a mudança prepare-se para a oposição, mas, lembre-se, ninguém te define, podem até pensar que você não pode, ou não vai conseguir, e podem até verbalizar que você não tem condição de fazê-lo e/ou que não tem talento e que para você o sucesso é impossível. Eu te digo, não lhes dê créditos, pois perdedor é o que critica. Você é um vencedor. Você decide o que se tornará.

Lembre-se o que já lhe disse, não aceite que te rotulem ou te definam. Diga assim, "ninguém me define, eu me defino". Ninguém pode te impor limites, eles não podem controlar como você se sente. Diga para você mesmo, eu decido como me sinto, eu decido como reajo, eu decido como respondo a cada evento, a cada situação, e saiba, somente você pode autojulgar-se e auto motivar-se.

Pense como um vencedor, sinta-se como campeão e coloque seu foco no que deseja fazer, você pode tudo. Diga meu foco está no que eu desejo fazer, e farei. Não tenho limites, sou ilimitado, não aceito que me rotulem, arranco esses rótulos negativos de preconceitos, de subserviência. Decido no que me tornarei, pessoal e profissionalmente, pois meu foco está em meu próprio caminho, no meu propósito de vida e nos meus objetivos.

Meu passado só pode me auxiliar como experiência vivida, mas não me definirá e nem me sabotará. Outros profissionais e amigos podem me orientar e até me guiar e servirem de exemplos e podem até andar ao meu lado, mas não me limitarão, apenas me orientarão.

Meu julgamento é reservado a mim mesmo. E minha vida será definida pelo meu trabalho, pelo meu esforço, pelo meu sacrifício, por mim, por mim mesmo e por mais ninguém. Em busca da minha realização profissional sou imparável! Sempre foi e sempre será EU *vs*. EU!

Sou EU ou EU SOU quem realiza meus planos. Pense sempre assim.

Muitos de vocês estão buscando satisfação onde nunca podem ser encontrados, vocês estão buscando realização em coisas, em posses, dinheiro, mas a verdadeira satisfação e o sucesso estão em você, busque no seu "Eu sou", com alegria, fé e gratidão, na firme certeza de que já é. Esforça-te e tenha bom ânimo.

A REALIDADE

Um conselho. AGORA! Tudo que se percebe como realidade se torna realidade, o que você precisa é estar sempre DENTRO DE VOCÊ, no presente, nos seus pensamentos, na sua imaginação, nos seus sentimentos, pronto para sua realização. Nunca vai embora, você está completo agora; sinta sua verdade, isso é, você pode decidir ser realizado e feliz AGORA. Seja alegre, sorridente, bom, grato, gentil, honesto, o resto vem como consequência.

Estabeleça planos, defina objetivos e metas e coloque-os em ação, cumprindo o fluxo da cocriação em sua vida.

Faça um plano para sua construção como líder inovador e de padrão mundial.

Bom trabalho.

BIBLIOGRAFIA

Borba VR. Sonhos e a prosperidade de Deus. 1ª ed. Ribeirão Preto, SP: Editora Palavra de Deus; 2017.

Goddard N. O despertar da consciência. Traduzido por Eduardo Silva Pereira. Boituva, SP: Editora Universo Livros; 2018.

Hill N. Quem pensa enriquece. São Paulo, SP: Editora Fundamento Educacional Ltda.; 2009.

Yong S. O chamado de Jesus. Traduzido por Paulo Polzonoff. Rio de Janeiro, RJ: Sextante Editora; 2012.

CAPÍTULO

13 Planejamento Estratégico Pessoal (PEP) – Instrumento para a Construção do Líder

Valdir Ribeiro Borba

INTRODUÇÃO

A construção, a formação e o preparo de um líder profissional padrão internacional requerem conhecimento amplo e vontade perseverante, não sendo uma tarefa fácil ou rápida, ao contrário, exigem-se tempo, determinação e instrumentalização correta.

Planejar a vida e a vida profissional é essencialmente fascinante e ao mesmo tempo preocupante, pois não é meramente a definição de estratégias, objetivos e metas; vai muito além, pois trata-se de algo transcendente ao nosso próprio domínio imediato.

A cada período, ou de década em década, as profissões mudam vertiginosamente e algumas que existiam em um passado recente hoje não mais existem, e algumas estão nascendo, como no caso dos internacionalistas, e outras ainda surgirão especialmente na área da robótica e da inteligência artificial.

174

A escolha por carreiras internacionais deve começar já no nível médio de escolaridade, quando o jovem deve escolher a profissão e a internacionalização dessa profissão. Assim, na graduação já se prepara desde o início com apresentação de trabalhos científicos, textos acadêmicos; aprende dois ou mais idiomas além do nativo, especialmente o inglês, espanhol, mandarim, alemão, francês, japonês e outros, dependendo do país que possa escolher para se especializar após a graduação.

Na realidade, a construção de uma carreira internacional é uma constante de estudos e de adaptação ao mercado mundial. O investimento não é apenas o dinheiro, mas essencialmente o conhecimento, o relacionamento, a *network*, as informações sobre o mercado mundial, daí a importância de incluir no preparo do profissional as feiras internacionais, os eventos mundiais e as palestras nacionais e internacionais.

PLANEJAMENTO PESSOAL E PROFISSIONAL PARA INTERNACIONALIZAÇÃO DE CARREIRA

Uma das ferramentas poderosas para o planejamento de qualquer organização é o planejamento estratégico a cada período (horizonte estratégico).

Geralmente de 5 anos com correção e ajustes anuais é o planejamento estratégico, o qual, com algumas adaptações, também pode ser aplicado para o planejamento de carreiras com o propósito de internacionalizar-se profissionalmente.

Esse modelo foi por nós identificado e adotado nessa área com o conceito de planejamento estratégico profissional e pessoal.

O PEP (planejamento estratégico profissional pessoal) é um instrumento para adaptação comportamental e estratégica do executivo ao modelo de gestão internacional, mas serve também para qualquer profissão e profissional. É, portanto, uma ferramenta valiosa para o processo de transformação do estilo pessoal de gestão em estratégico-transcendental, adaptando a pessoa à nova organização ou à nova realidade tecnológica e cultural.

SUGESTÃO DE CRONOGRAMA PARA INTERNACIONALIZAÇÃO DE CARREIRA PROFISSIONAL

ATIVIDADES	Ano 1	Ano 2	Ano 3	Ano 4	Ano 5	Ano 6	Ano 7	Ano 8	Ano 9	Ano 10	Ano 11	Ano 12
ENSINO MÉDIO												
Notas com honra	■	■										
Curso de duas línguas			■									
Intercâmbio fora do país			■									
NÍVEL SUPERIOR – GRADUAÇÃO												
Graduação com honra média acima de 8,5												
Intercâmbio fora do país												
Publicação de trabalhos científicos												
Trabalho de conclusão de curso com notoriedade												
Busca de programas no exterior para pós-graduação												
PÓS-GRADUAÇÃO												
Mestrado e doutorado em universidade de referência								■	■			
Escrever e publicar livros e artigos em revistas especializadas									■	■		
Ministrar aulas ou monitoria										■		
Palestras em diversas instituições												
PÓS-DOUTORADO												
Pesquisa em universidade renomada											■	■
Publicação da pesquisa											■	■
EMPREGO												
Trabalhar em empresas e/ou agências de renome mundial											■	■
Decidir pelo retorno ou manter-se no exterior												■

IMPORTÂNCIA DO PLANEJAMENTO ESTRATÉGICO PESSOAL

O planejamento estratégico pessoal é o repensar de uma pessoa que se busca em seu interior e que se volta para o futuro e para seu ambiente de relações, com a força da espiritualidade. O planejamento estratégico aplicado às pessoas se faz necessário, inicialmente, um estudo de cenário relacionado a essa pessoa, observando as forças do momento e procurando perscrutar o futuro.

É muito usado nos eventos de *coaching,* com mapeamento de perfil, DISC ou MBTI, e também um mapeamento das oportunidades e definição do curso de ação, é o processo que realmente mobiliza a pessoa para construir seu futuro e que requer, além do treinamento *coaching,* um processo de *mentoring* individualizado, personalizado ou customizado para pessoa.

Todos nós, independente da profissão ou ocupação (médicos, enfermeiros, professores, administradores, juízes, promotores, advogados, pastores, padres, ministros e outros), necessitamos de um mínimo de planejamento estratégico para sermos plenos e relacionados no mundo em que vivemos, e essencialmente para dar sentido e qualidade à vida, buscando-a em sua integralidade social, familiar, profissional e espiritual e não apenas no sentido profissional e material.

Quem busca estabelecer um plano de vida ou caminho estratégico para si estabelece antes um plano diretor com destaques periódicos temporais, anuais, construindo um documento diretor para suas ações estratégicas de vida e que possam levá-lo ao alvo (objetivo) prévia e cuidadosamente estudado.

Para a elaboração desse plano estratégico pessoal, detalhado, personalizado e periódico, com focos estratégicos, táticos e operacionais, é essencial que se realize preliminarmente um minucioso diagnóstico estratégico, além das ações e resultados do passado, um estudo sobre os ambientes circundantes da pessoa, buscando identificar as tendências, ameaças e oportunidades no ambiente externo, e **pontos fortes** (virtudes, conhecimentos e habilidades) e pontos fracos da pessoa em si e de sua família (dificuldades cognitivas, falta de preparo, de apoio e de recursos, além de deficiências e fraquezas), ou seja, é uma análise completa, íntima e com muita profundidade.

Da comparação desses fatores circundantes e do *self* em si com avaliação realística da preponderância extraem-se a matriz de forças do ambiente e a proposta de postura estratégica para essa pessoa. Além disso, busca-se a definição de diretrizes, objetivos e estratégias para o desenvolvimento amplo e integrado da pessoa a quem se destina o plano estratégico.

Segundo Peter Drucker: O planejamento não diz respeito a decisões futuras, mas às implicações futuras de decisões presentes. Portanto, para um profissional atuar no mundo corporativo, altamente competitivo e globalizado, é primordial que adote um planejamento pessoal para longo prazo, no qual conste, além das estratégias, objetivos e metas, a forma e o método de como realizá-las.

O PEP não deve ser confundido com previsão, projeção, resolução de problemas ou de contingências prementes, além disso, deve apresentar, também, um conjunto de diretrizes lógico-estruturais que enfeixem estratégias e ações sincronizadas que levem a um modelo integrado para a tomada de decisões e de resultados efetivamente de valor estratégico-estruturais e essencialmente espirituais, e que guardem a lógica de causa e efeito de um processo adequadamente estruturado ao longo de toda a vida. Portanto, planejamento estratégico pessoal é um processo contínuo de planejar e preparar-se para a vida, de forma altamente cognitiva, espiritual e ao mesmo tempo pragmática.

IMPORTÂNCIA DO *COACHING* E DO *MENTORING*

O papel do *coach* e/ou do mentor é essencial nessa construção, pois esse profissional vai treinar e orientar o pupilo para que possa tornar-se verdadeiramente um profissional pleno e uma pessoa integral e convergente no foco escolhido.

"O que sou e o que serei? Eis a questão"

Essa construção não é apenas *self*, nem é papel apenas dos pais ou tutores. No Brasil temos a participação dos pais, professores, padres, pastores, amigos que se faz em uma formação mosaica e sem o planejamento previamente estabelecido.

Nem todas as escolas estão preparadas para orientar o jovem com testes vocacionais e condução personalizada, assim ele busca por conta e risco em busca de formação e orientação, muitas vezes embasado em sonhos e desejos que nem são seus, mas de seus pais, ou amigos. Com isso, a construção se dá por opiniões e aconselhamentos de outros amigos e profissionais, tais como professores, psicólogos, pastores e parentes.

É imperioso que se estabeleça um planejamento e um preparo com base nas vocações desses jovens e daí a importância de um conselheiro ou *coach*. Mesmo na fase adulta e profissional, é muito importante o papel do mentor e um processo de *mentoring*, pois até mesmo os grandes empreendedores necessitam desses aconselhamentos profissionais de *personnal mentoring*.

Certamente, o propósito desse trabalho é de chamar atenção para o planejamento e condução profissional dos jovens, desde a tenra idade, para que possam construir-se em bases sólidas de carreiras e que possam tornar-se plenos em um verdadeiro processo de transformação, metanoia.

Obviamente, a proposta é ousada e necessária, mas antes de tudo é necessário preparar profissionais na área de comportamento (psicologia, sociologia, filosofia e outras) para que consolide inicialmente a ideia de *coaching* holístico, ou mesmo *coaching espirirutal* especializado em construção de jovens saudáveis e plenos, focados na integralidade convergente para o bem social.

CAPÍTULO

14

BSC: O *Balanced Scorecard* – BSC-SELF – Aplicado na Liderança Holístico-Espiritual

Valdir Ribeiro Borba

O BSC-SELF é um instrumento de controle aplicado juntamente com o PEP, para avaliar o desempenho do profissional perante todos os setores e segmentos de sua vida, buscando com isso seu pleno desenvolvimento pessoal e profissional, de forma equilibrada, preservando-lhe a saúde e a plenitude física, bem como a suficiência financeira e os desenvolvimentos emocional, familiar, social, cultural e especialmente espiritual, tanto no trabalho como em todos os demais relacionamentos.

METODOLOGIA ADAPTADA DO *BALANCED SCORECARD* CLÁSSICO

Kaplan e Norton (1992), identificando que os gestores precisavam mais do que simples indicadores do desempenho de sua área, propuseram uma metodologia que fornece condições de conhecer os aspectos que envolvem o ambiente e o desempenho organizacional auxiliando o alcance da excelência empresarial.

Segundo o professor Flávio Oliva (2004), essa metodologia, denominada *Balanced Scorecard* (BSC), tem como alvo principal oferecer instrumentos que visam auxiliar o alcance dos objetivos pretendidos em um momento futuro.

A metodologia do BSC visa traduzir a missão e estabelecer a estratégia em cima da visão, em um conjunto abrangente de indicadores de desempenho que possibilitem a estruturação de um sistema de avaliação e de gestão do desempenho, e nada impede que esse método seja adaptado e utilizado no desenvolvimento da pessoa como profissional com planejamento estratégico pessoal, pois incluem perspectivas ou dimensões de forma integrada que são importantes ao futuro dessa pessoa.

Conforme Kaplan e Norton (1993), os objetivos e as medidas do BSC são derivados da visão e estratégia da empresa e propõem uma estrutura para medir o desempenho organizacional sob quatro perspectivas equilibradas: financeira, aprendizado e crescimento do cliente e processos internos. No caso da pessoa, definimos essas quatro perspectivas como: físico-espiritual, relacionamentos com terceiros, desenvolvimento integral e sustentação financeira.

O modelo do BSC-SELF procura inovar propondo não apenas um conjunto de indicadores de desempenho, altamente mensuráveis como no caso da perspectiva financeira, mas apresentando um sistema de comportamento e relações com enfoque no curto e longo prazo para a plenitude da pessoa em todos os seus períodos, e que podem ser trabalhados em processos de *coaching* e de *mentoring* personalizados.

Segundo Kaplan e Norton (1996), no mundo empresarial, a verdadeira contribuição do BSC para a eficácia organizacional ocorre quando ele é utilizado como instrumento de um sistema de gestão estratégica, pois pode auxiliar os gestores na viabilização de processos gerenciais críticos, enquanto em nosso entendimento o modelo pode ser usado também no equilíbrio das perspectivas de vida de uma pessoa, possibilitando-lhe sua condução social, profissional, familiar e pessoal com excelência relacional.

Segundo Rampersad (2008), pelo seu BSCP (BSC PESSOAL), o alinhamento se dá entre as perspectivas corporativas com as perspectivas pessoais compatibilizando as metas da organização com objetivos e metas de melhoria pessoal em seus aspectos profissionais, mensuráveis por indicadores e métricas pessoais, entretanto, essa parte objetiva ainda é focada na organização em seus propósitos e resultados. Já em nossa abordagem, o foco é o BSC-SELF, ou seja, a parte de consciência, de razão e de intimidade, onde o foco é na essência (espiritual) e não na forma (métodos) e, com isso, os objetivos, as metas e os indicadores individuais são relacionados com o desenvolvimento espiritual e de desenvolvimento como ser humano e não apenas como profissional operativo, mesmo que também leve em conta esse aspecto.

INDICADORES DO BSC-SELF

Os melhores indicadores por perspectivas são aqueles que proporcionam a perfeita avaliação de desempenho, propiciando com fidelidade o equilíbrio integrado entre todas as quatro perspectivas redefinidas pelo modelo de BSC-SELF.

Cada perspectiva tem um conjunto de indicadores que serão utilizados de forma integrada entre as demais perspectivas, formando um encadeamento lógico e gradual, objetivando a melhoria da pessoa como ser humano iluminado e espiritualizado em todas as situações de liderança, especialmente no trabalho.

ROTEIRO SIMPLIFICADO PARA O BSC-SELF

Após a elaboração do planejamento estratégico pessoal, ou mapeamento de vida, e para o controle e avaliação da sua execução recomenda-se a adoção de ferramenta de alto desempenho, utilizando-se um modelo simplificado para o estabelecimento desse potente instrumento de BSC-SELF, por nós adaptado, da gestão empresarial.

METODOLOGIA DA CABINE DE COMANDO DA PRÓPRIA VIDA

Conjunto de indicadores que proporciona uma visão rápida, abrangente e altamente consistente da missão, que consolide os valores pessoais, profissionais e espirituais, garantindo a condução da própria existência com plenitude espiritual, material e financeira para o desenvolvimento do líder holístico.

VISUALIZAÇÃO DO DESEMPENHO DO LÍDER HOLÍSTICO SOB QUATRO IMPORTANTES PERSPECTIVAS

I – PERSPECTIVA FÍSICA E ESPIRITUAL
"Somos verdadeiramente plenos em nossos estados naturais e espirituais. Temos efetivamente excelência de vida e no relacionamento espiritual"?

II – PERSPECTIVA DE RELACIONAMENTOS COM PESSOAS
"Somos efetivamente excelentes em nossos relacionamentos"?

III – PERSPECTIVA DE DESENVOLVIMENTO INTEGRAL
"Somos efetivamente capazes de continuar melhorando, inovando e criando em todos os campos do saber e em todos os segmentos e relacionamentos. Temos integridade e excelência essencial"?

IV – PERSPECTIVA FINANCEIRA
"Como obtemos e priorizamos os recursos financeiros para sustentação e desenvolvimento da missão em busca do alcance da visão, ao longo dos períodos estratégicos de vida"?

IMPORTÂNCIA DO BSC-SELF NA CONSTRUÇÃO DO NOVO LÍDER MUNDIAL.

- Reúne em um único instrumento de planejamento e de controle todas as perspectivas de vida de uma pessoa, permitindo a visualização integrada de todas as perspectivas e seu grau de desempenho, em cada momento da própria vida.
- Impede o desequilíbrio entre as perspectivas, permitindo o desenvolvimento integral da pessoa, em todos os sentidos.

Modelo de Planilha para definição de objetivos, metas e indicadores por perspectiva:

Perspectiva espiritual		Indicadores	Períodos													
Item	Metas		Jan	Fev	Mar	Mai	Jun	Jul	Ago	Set	Out	Nov	Dez	Total	Obs.

Perspectiva de relacionamentos		Indicadores	Períodos													
Item	Metas		Jan	Fev	Mar	Mai	Jun	Jul	Ago	Set	Out	Nov	Dez	Total	Obs.

Perspectiva de formação profissional		Indicadores	Períodos													
Item	Metas		Jan	Fev	Mar	Mai	Jun	Jul	Ago	Set	Out	Nov	Dez	Total	Obs.

BSC: O *Balanced Scorecard* – BSC-SELF – Aplicado na Liderança Holístico-Espiritual **185**

Perspectiva de formação educacional		Indicadores	Períodos												
Item	Metas		Jan	Fev	Mar	Mai	Jun	Jul	Ago	Set	Out	Nov	Dez	Total	Obs.

Perspectiva financeira		Indicadores	Períodos												
Item	Metas		Jan	Fev	Mar	Mai	Jun	Jul	Ago	Set	Out	Nov	Dez	Total	Obs.

Desenvolvimento familiar		Indicadores	Períodos												
Item	Metas		Jan	Fev	Mar	Mai	Jun	Jul	Ago	Set	Out	Nov	Dez	Total	Obs.

Desenvolvimento inegral		Indicadores	Períodos												
Item	Metas		Jan	Fev	Mar	Mai	Jun	Jul	Ago	Set	Out	Nov	Dez	Total	Obs.

DECLARAÇÃO DE VISÃO

No método do BSC-SELF, mesmo utilizando o modelo simplificado do BSC tradicional, é essencial que se inicie pela declaração da visão estratégica da pessoa, que dará sustentação para a formulação do seu planejamento estratégico pessoal e do controle estratégico por meio dos instrumentos do BSC-SELF. Portanto, reafirma--se a importância de que essa declaração seja adequada à vida e às expectativas da pessoa, obedecendo à abordagem e aos critérios das perspectivas do método adaptado, por isso recomenda-se a utilização da matriz abaixo.

A partir da visão estratégica da pessoa para o cumprimento de sua missão e o pleno desenvolvimento de sua vida em todos os sentidos é essencial que essa matriz seja estruturada de forma lógica entre as perspectivas, definindo quais os FCS – valores críticos de sucesso em cada perspectiva e os fatores de mensuração, mesmo nos casos, aparentemente intangíveis, pois os mapas estratégicos do BSC-SELF devem permitir tornar tangíveis os fatores intangíveis do PEP e da avaliação de *performance* plena (Figura 14.1).

PLANILHAS PARA O ROTEIRO SIMPLIFICADO DE BSC-SELF

Para o acompanhamento do desenvolvimento da aplicação do método adota-se um conjunto de planilhas que poderão ser utili-

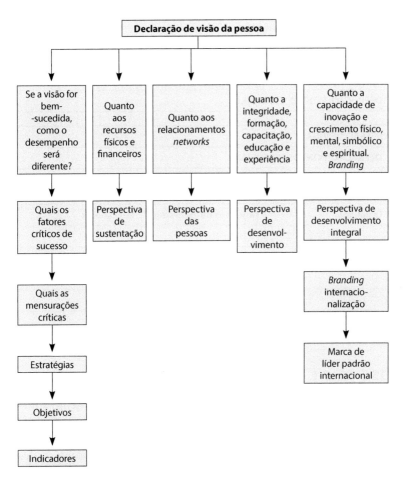

FIGURA 14.1 Matriz para o BSC-SELF.

zadas tomando por base a matriz simplificada para a construção do BSC-SELF.

Dentro da sequência lógica de definição dos objetivos e construção dos indicadores, o método parte do estudo de ambientes com identificação da visão estratégica de vida, formulação da missão, identificação de vantagens essenciais e diferenciais pessoais, para posterior definição de objetivos e indicadores por perspectivas do método BSC adaptado para o pessoal.

MODELO DE PLANILHAS PARA
DESENVOLVIMENTO DO BSC PESSOAL

VISÃO PESSOAL ESTRATÉGICA DE VIDA
DEFINIÇÃO: PONTOS ESSENCIAIS

MISSÃO DE VIDA
DEFINIÇÃO: PONTOS ESSENCIAIS

PERSPECTIVA: *(uma planilha para cada perspectiva)*		
Objetivos	Objetivos desdobrados	Indicadores

BSC-SELF E O *LIFE PLAN*

Finalizado esse roteiro simplificado para o desenvolvimento e implementação do **BSC-SELF**, apresenta-se o método como instrumento que possa facilitar a elaboração do *life plan* ou plano de vida, dentro de seus objetivos, finalidades e características próprias, desenvolvendo-se assim, além dos aspectos de **vantagem essencial**, uma abordagem de **estratégias essenciais de vida** para cada área da vida de uma pessoa, buscando sempre os desenvolvimentos integral, pessoal, profissional, familiar, econômico e social.

Life plan – simplificado, personalizado e intransferível

Plano de vida é um resumo escrito, dinâmico, ordenado e estruturado daquilo que espera conseguir no curso da vida, em relação à missão definida pela pessoa, com sua vocação e objetivos e como se pretende atingi-los, ou seja, qual o curso de ação em busca desse desenvolvimento integral.

Um *life plan* é na realidade um sumário executivo do PEP – planejamento estratégico pessoal –, ou seja, é a estruturação do caminho, ou roteiro de como chegar lá e como avaliar o desenvolvimento com alternativas e correções de rotas e, por ser pessoal e intransferível, recomenda-se que seja elaborado pela própria pessoa ou, se necessário, com o apoio de um *coaching* ou mentor (líder espiritual, conselheiro, psicólogo, teólogo, pastor) reavaliado e readequado constantemente.

CONSIDERAÇÕES

A coerência ou consistência interior é o novo padrão de teste para a integridade e esperamos que essa abordagem específica sobre planejamento estratégico pessoal, PEP, e o *Balanced Scorecard Self*, BSC-SELF, sirvam de instrumentos para a modelagem do novo líder holístico, pleno, integral e espiritualizado, com marca específica e pessoal, pois, certamente, a nova sociedade e a nova e moderna organização com as características de integridade convergente necessitarão de profissionais com esse perfil.

Os primeiros passos nessa construção estão sendo dados e espera-se que tanto o modelo de gestão quanto o perfil do profissional pleno e espiritualizado sejam rapidamente difundidos no meio empresarial, pois o caminho é o da gestão holístico-virtual integrada com a do estratégico-transcendental. Ou seja, ciência e tecnologia aliadas ao estratégico com a intuição e com a emoção. Isso implica processos operacionais tecnologicamente desenvolvidos e processos de gestão altamente resolutivos aplicados com habilidade também transcendentais e relacionais, de modo a garantir satisfação plena dos clientes, colaboradores, fornecedores e acionistas e especialmente para um mundo mais moderno, dinâmico, social e humanizado.

BIBLIOGRAFIA

Albrecht K. Programando o futuro: o trem da linha norte. São Paulo: Makron Books; 1994.

Assumpção A. Gestão sem medo: muito se pode criar, tudo se pode mudar. 2ª ed. São Paulo: Saraiva; 2008.

Bíblia Sagrada. Edição corrigida e revisada. Tradução João Ferreira de Almeida. São Paulo: Sociedade Bíblica Trinitariana do Brasil; 1995.

Bíblia de Estudos. Aplicação pessoal. Versão Almeida Revista e Corrigida. São Paulo: CPAD; 1995.

Borba VR. Administração hospitalar: Princípios básicos. São Paulo: CEDAS; 1985.

Borba VR. Planejamento empresarial hospitalar. São Paulo: CEDAS; 1989.

Borba VR. Marketing empresarial hospitalar. Rio de Janeiro: Cultura Médica; 1989.

Borba VR. A nova era da estratégia. São Paulo: ed. especial. HSM Management; 2000. p. 18-28.

Borba VR. Plano de marketing para organizações de saúde. Rio de Janeiro: Editora Cultura Médica e Guanabara Koogan; 2009.

Borba VR. Marketing de relacionamento para organizações de saúde: fidelização de clientes e gestão de parcerias. São Paulo: Atlas; 2004.

Borba VR. Estratégias e plano de marketing para organizações de saúde. Rio de Janeiro: Cultura Medica e Guanabara Koogan; 2008.

Borba VR. Estratégia e ação: BSC na gestão hospitalar. Rio de Janeiro; 2013.

Borba VR. Integralidade convergente na Gestão. Rio de Janeiro: Editora DOC; 2014.

Borba VR, Oliva FA. BSC: Balanced Scorecard ferramenta gerencial para organizações hospitalares. São Paulo: Erica. Divisão Iatria; 2004.

Borba VR, Lisboa TC. Teoria geral de administração hospitalar. Rio de Janeiro: Qualitymark; 2006.

Braden G. O código de Deus: o segredo do nosso passado, a promessa do nosso futuro. São Paulo: Cultrix; 2006.

Covey SR. O 8º hábito: da eficácia à grandeza. Rio de Janeiro: Elsevier; 2005.

Kaplan RS, Norton DP. A estratégia em ação. 14ª ed. Rio de Janeiro: Campus; 1997.

Kaplan RS, Norton DP. Mapas estratégicos – Balanced Scorecard: convertendo ativos intangíveis em resultados tangíveis. 9ª ed. Rio de Janeiro: Elservier; 2004.

Marcic D. Como administrar com a sabedoria do amor. 9ª ed. Tradução Marcus Rogério Tavares Sampaio Salgado. São Paulo: Cultrix; 2003.

Mountian S, Hama T. Teoria da abrangência: um conhecimento inédito de transformação e mudança nas organizações. São Paulo: Cultrix Amaná-Key; 2001.

Porter ME. Estratégia competitiva. 16ª ed. Rio de Janeiro: Campus; 1998.

Rampersad H. Balanced scorecard pessoal: um caminho para a felicidade individual, integridade pessoal e eificácia organizacional. Traduzido para mais de 20 países. Trad. Celso Roberto Paschoa. Rio de Janeiro: Qualitymark; 2006.

Rodrigues LHTI. A vendedora de sonhos – Luiza Helena comanda uma história de sucesso no varejo. Entrevista. São Paulo, SP: TAM Magazine; Ano I, 2004, nº 2, p. 34-43.

Senge PM. A quinta disciplina: arte, teoria e prática da organização de aprendizagem. 9ª ed. São Paulo: BestSeller; 1994.

Tranjan RA. A empresa de corpo, mente e alma. 5ª ed. Revista e Ampliada. São Paulo: Editora Gente; 2004.

Valadares MCB. Planejamento estratégico. Rio de Janeiro: Qualitymark; 2002.

Vasconcelos AF. Espiritualidade no ambiente de trabalho: dimensões, reflexões e desafios. São Paulo: Atlas; 2008.

Vergara Sylvia Constant. Projeto e relatórios de pesquisa em administração. 4ª ed. São Paulo: Atlas; 2003.

Verruck JE. Estratégias de empresas: BSC – Balanced Scorecard. Rio de Janeiro: FGV, Management; 2001.

Wall SJ, Wall SR. Os novos estrategistas: criando líderes em todos os níveis da organização. São Paulo: Futura; 1996.

Prólogo

Ao finalizar este livro o fazemos maravilhados pelo conteúdo e pela experiência dos autores, principalmente dos jovens empreendedores que estão construindo carreiras brilhantes no exterior, contribuindo com o processo de internacionalização de carreiras de líderes.

Sentimo-nos honrados em organizar este livro mesclando a experiência de docentes consagrados com a dos jovens empreendedores.

Esperamos que as experiências aqui relatadas sejam exemplos para novas iniciativas de jovens empreendedores e futuros líderes do processo acelerado do desenvolvimento da revolução industrial e social, em formatos holísticos e quânticos.

Aproveitamos para agradecer à Sarvier Editora de Livros Médicos Ltda. que acreditou neste trabalho e não mediu esforços para publicá-lo.

Em nome de todos os autores, agradecemos a todos os leitores pela confiança ao adquirir este livro. Esperamos ter atendido às expectativas.

Os autores